A Etificação da Psicanálise

C A L A M I D A D E

Uma psicanálise derridiana?

JEAN ALLOUCH

A ETIFICAÇÃO DA PSICANÁLISE

CALAMIDADE

UMA PSICANÁLISE DERRIDIANA?

Tradução
Dulce Duque Estrada

Revisão
Sandra Regina Felgueiras

COMPANHIA DE FREUD
EDITORA

TÍTULO ORIGINAL:
L'ÉTHIFICATION DE LA PSYCHANALYSE
calamité

FICHA CATALOGRÁFICA

A441e

Allouch, Jean.
A etificação da psicanálise : calamidade / Jean Allouch. - Rio de Janeiro : Companhia de Freud, 1997.
140 p. ; 23 cm.

ISBN 85-85714-07-6.

1. Ética psicoterápica. 2. Psicanálise. I. Título.

CDD-150.195

COMPANHIA DE FREUD
EDITORA

ENDEREÇO PARA CORRESPONDÊNCIA
Rua Visconde de Pirajá, 547 - Sala 702
Cep 22415-900 - Ipanema - Rio de Janeiro
Telefax: (021) 239-9492
email: tereza@ism.com.br

Max Eastaman perguntou um dia a Freud:

— O que é o senhor, politicamente?

Resposta: — Politicamente, eu não sou nada[1].

> [...] *essa guerra, penso, demonstrou suficientemente que não será por um excesso de indocilidade dos indivíduos que virão os perigos do porvir humano. Doravante, está claro que as potências sombrias do Supereu se aliam aos abandonos mais frouxos da consciência para levar os homens a uma morte aceita pelas causas menos humanas, e que tudo o que aparece como sacrifício nem por isso vem a ser heróico.*
>
> Jacques Lacan[2]

> *There is something rotten in the kingdom of IPA!*
>
> René Major[3]

---

1 Anedota relatada por Paul Roazen, citado por René Major, *De l'élection*, Paris, Aubier, 1986, p.10.

2 Jacques Lacan, "La psychiatrie anglaise et la guerre", *L'évolution psychiatrique*, 1947, vol. I. Retomado em *La querelle des diagnostics, Paris, Navarin,* 1986, p.41.

3 Essas três letras designam a *International Psychoanalytical Association.* René Major, "Post-scriptum", in Helena Besserman Vianna, *Politique de la psychanalyse face à la dictature et à la torture, N'en parlez pas à personne*, prefácio, carta aberta e post-scriptum de R. Major, p.292. A hamlética observação é a última de seu livro, sua última palavra sendo, pois, "IPA".

Sumário

Três Substituições

A Sociedade Internacional de História da Psiquiatria e da Psicanálise (SIHPP) e a Associação de Estudos Freudianos (EF) haviam feito um convite para o dia 9 de fevereiro de 1997 em Paris. Tratava-se, ao que se ouvia dizer, inicialmente sob a forma de boato, de um "psicanalista torturador" e de sua condenação (ou não condenação), um caso que há mais de vinte anos minava a respeitabilidade da *International Psychoanalytical Association* (IPA) até em suas mais altas instâncias, e que ainda não fora resolvido. Um livro de título impactante acabava de ser publicado testemunhando sobre isso[4]: *Politique de la psychanalyse face à la dictature et à la torture* [Política da psicanálise diante da ditadura e da tortura].

[4] Helena Besserman Vianna, op. cit. Procura-se em vão, no livro, o nome do tradutor para o francês da edição em português publicada no Brasil, ao que nos dizem, em 1994. Faltam igualmente as referências editoriais da edição original (título, lugar de publicação, editor). Essas faltas são aqui tanto mais notáveis quanto não se hesita, a cada vez que se apresenta a oportunidade, em dar ao leitor uma lição, dizendo-lhe que os nomes devem ser ditos, que essa é uma exigência ética (cf. p.18, 23, 251). Uma verdadeira planificação histórica (o que se pretende fazer) deveria igualmente

I- Propomo-nos aqui a afirmar um traço que se lê nas entrelinhas desse testemunho, em seguida a essa reunião. Vamos estudar como o tratamento desse problema na e pela IPA, através de contorções pouco atraentes, terá consistido em eliminar o que constituía, no entanto, seu ponto de partida clínico, a saber, um verdadeiro caso. O problema, durante duas décadas, terá sido assim abordado fora daquilo, precisamente, que constituía a ponta emergente desse caso: um dizer público de uma ex(?)-psicanalisanda concernente a seu ex(?)-analista, sua experiência da análise, portanto, ou pelo menos da transferência e da maneira como essa transferência foi acolhida.

II- Ora, essa negligência da clínica psicanalítica foi realizada por meio de uma outra substituição, também aí no sentido mais concreto desse termo. Com efeito, Helena Besserman Vianna, autora do livro hoje publicado em francês, enquanto determinada denunciante do "psicanalista torturador", terá ocupado o primeiro plano da cena, mascarando, por isso mesmo, a ação da denunciante primeira (se devemos chamá-la assim, o que não é certo), apagando, em seu livro, todo traço desta e de sua ação. E, o que é mais, com essa substituição, uma "psicanalista[5]" toma o lugar de uma ex(?)-psicanalisanda, o que leva a uma espécie de cúmulo o *imbroglio* primeiro e a exclusão da clínica.

III- Começando a devolver seu lugar ao caso, pelo menos

---

ter posto à nossa disposição em francês a autobiografia do torturador A. Lobo (*A Hora do Lobo, a Hora do Carneiro*, publicado em 1989) e outros textos conexos. É verdade que, ao mesmo tempo, teria sido mais difícil moralizar o caso às expensas de sua dimensão política. Receia-se, ainda hoje, desculpar A. Lobo apagando o político? Estranho receio! Ou revelar que as ações empreendidas contra ele tinham outros objetivos além daqueles nobremente, essencialmente morais?

[5] A razão de ser dessas aspas será logo explicitada.

seu lugar como caso absentificado, e levando em conta o "idealismo moral[6]" que, ao mesmo tempo, atua ali mesmo onde essa ausência foi forjada, vamos mostrar que uma exclusão da clínica psicanalítica é realmente correlativa da atual "etificação" sofrida pela psicanálise (propomos aqui esse termo, feito sobre o modelo de outros semelhantes que nos invadem: industrialização, eletrificação, informatização), que é possível, portanto, acolher essa manifestação ética (que certamente não concerne somente à IPA[7]) como uma outra substituição ainda, aquela pela qual a ética psicanalítica (o que se diz tal) toma o lugar do método freudiano.

A exclusão da clínica sinaliza a exclusão do método, que irá aparecer, ali onde se admite ainda que o método freudiano é a crucial invenção de Sigmund Freud, como uma calamidade.

Essa calamidade torna manifesta a incompatibilidade do método com uma função ordenadora atribuída à ética. Logo, se

---

6 O que Freud chamava também o "preconceito ético" (cf. Nathan G. Hale, *L'introduction de la psychanalyse aux États-Unis, Autour de James Jackson Putnam*. Correspondência de James Jackson Putnam com Freud, Jones, Ferenczi, William James e Morton Prince, traduzido do inglês por Catherine Cullen, Paris, Gallimard, 1978).

7 Um sinal — entre cem — dessa mesma etificação da psicanálise pelo lado lacaniano: em 1989, um grupo inteiro se interrogava: o inconsciente tem um fundamento ético? (Apertura, vol. 3, Paris, Springer Verlag). A primeira frase do primeiro artigo mostra de imediato que se voa muito alto, muito, muito acima do campo freudiano e que ao mesmo tempo se abrange um terreno muito amplo: "É enfrentar uma grande dificuldade, confrontar uma ética do sujeito ao campo do político." O que faria, pois, um psicanalista num tal questionamento filosófico-ético-político? É o que se pergunta, ou melhor, é o que não se pergunta. Não é certo que se trate de recuperar todos esses campos em proveito da psicanálise, o que no entanto sugere o último artigo (mesmo título que o da revista), onde nos asseguram, em itálico, que "não ter fundamento ético, isto é, estar fora do campo da ética é precisamente o que põe o inconsciente no fundamento da ética e torna possível não somente uma ética do sujeito, mas ainda o advento de um sujeito como ético". Outros, cujo zelo Lacan teve de combater, já haviam tentado colocar o inconsciente no fundamento da linguagem. Dar-lhe demasiada importância, atribuir-lhe demais, maneira sutil de destruir aquilo mesmo que se pretende promover.

escolhemos o método freudiano, será forçoso concluir que não existe, como dizia Freud, o primeiro, uma ética propriamente psicanalítica[8].

Três substituições, pois, cada uma pondo em jogo um *vel* exclusivo, e todas as três encadeadas: uma crise institucional vem no lugar de um caso, uma pessoa no lugar de uma outra, uma ética no lugar de um método.

[8] Parece seguir-se um problema com Lacan, de quem um dos seminários (1959-1960) se intitulava, precisamente, *A Ética da Psicanálise*. Esse problema não será aqui frontalmente abordado.

Relato

Uma história de mestre (da histérica)

Um certo caráter vago faz parte, até agora, da história que nos é contada, não sem parcialidade, no livro de H. Besserman Vianna. Assim, para a resenha jornalística que fez desse livro, pouco antes da reunião por ele suscitada em Paris, Élisabeth Roudinesco praticamente não se preocupava com a exatidão no estabelecimento dos fatos (logo vamos estudar este ponto em detalhes), e tampouco em distingui-los da interpretação que, ao mesmo tempo em que estes são trazidos ao nosso conhecimento, nos é proposta (o artigo retomava, com efeito, por sua conta, mas sem dizê-lo, e sem dizê-la na sua própria construção, uma teoria de R. Major). Entretanto, desconhecendo esses aspectos que acabamos de citar — e com razão, pois eles só são observáveis posteriormente — era possível ler as linhas abaixo como um relato histórico confiável:

> Em 1973, um artigo anônimo é publicado na revista clandestina *Voz Operária*. Ele revela que Leão Cabernite, antigo aluno de Kemper, tornado presidente da SPRJ (Rio I[9]) e ligado de perto ao poder, tomou como aluno em formação (em análise) um tenente da polícia militar, Amílcar Lobo Moreira, torturador a serviço da ditadura. O caso assume amplitude quando Helena Besserman Vianna, membro da SBPRJ (Rio II), envia o artigo anotado por sua mão a Marie Langer[10].

Este relato, apresentado como sendo a transcrição límpida de um fato, permanece sob muitos aspectos problemático. O problema consiste, principalmente, no fato de que aquilo que ele comporta de inexato e forçado não é perceptível pelo leitor do *Monde* que não chegue a estudar de perto o livro de H. Besserman Vianna. Vários pontos, aqui, devem nos reter.

1- Por exemplo, é preciso aprender, nesse livro, que A. Lobo esteve inicialmente em análise com o Dr. Walderedo Ismael de Oliveira, presidente e didata da SBPRJ, em seguida com o Dr. Antônio Dutra Junior (de quem não se diz a que sociedade pertencia[11]), para nos perguntarmos se L. Cabernite, ao tomar A. Lobo em análise, não teria — esta é uma conjectura que não pode ser descartada a priori — pensado recrutar alguém para a sociedade que ele presidia, às expensas da sociedade rival. Ou perguntarmo-nos ainda — outra conjectura — se essa passagem efetuada por A. Lobo da Rio II para Rio I (passagem em momento algum mencionada no livro, que não dá conta dela) não corresponderia, no

---

[9] Sobre o valor das siglas e a história das duas sociedades psicanalíticas no Brasil, cf. aqui mesmo em anexo algumas marcações cronológicas.

[10] Élisabeth Roudinesco, "Le refoulement de la psychanalyse brésilienne", *Le Monde*, sexta-feira 31 de janeiro de 1997, *Le Monde des livres*, p.VII.

[11] H. Besserman Vianna, op. cit., p.60.

contexto político da época, à instauração de um traçado de limites esquerda / direita dessas duas sociedades. Neste caso, a decisão de L. Cabernite teria sido política, aquela de alguém "ligado ao poder". Mas seria então mais fácil perguntar-se se não seria igualmente política a ação de H. Besserman Vianna, não tanto a de um membro da sociedade que fora deixada por A. Lobo, mas a de alguém que atribui uma sustentação política à resistência à ditadura.

II - O relato do *Monde* mencionava o envio a Marie Langer de um artigo "anotado pela mão de Helena Besserman Vianna". Ele esquecia de dizer que essa anotação havia sido feita de maneira anônima. Encontra-se, realmente, o termo "anônimo" no começo do relato jornalístico, mas deslocado, qualificando o artigo da *Voz Operária*, e não o acréscimo manuscrito. Ora, esta última qualificação é injustificada, pelo menos se seguirmos a declaração de H. Besserman Vianna, segundo a qual a denúncia de A. Lobo publicada na *Voz Operária* era assinada pelo Partido Comunista brasileiro[12].

Mas por que esse acréscimo manuscrito? Se o artigo da *Voz Operária* revela, como escreve É. Roudinesco, que "Cabernite, antigo aluno de Kemper, tornado presidente da SPRJ (Rio I) e ligado de perto ao poder, tomou como aluno em formação (em análise) um tenente da polícia militar, Amílcar Lobo Moreira, tor-

[12] "A afirmação do jornal clandestino *Voz Operária* não era anônima, a responsabilidade por ela era assumida pela direção do Partido Comunista brasileiro que, embora clandestino na época, denunciava práticas de tortura, publicando os nomes dos torturados e de seus torturadores. O que era anônimo era a nota manuscrita no pé da página do número da *Voz Operária* enviado a Marie Langer" (H. Besserman Vianna, op. cit., p.61).

turador a serviço da ditadura", o que resta acrescentar depois da menção desses quatro nomes (três nomes de indivíduos, um nome de Sociedade)? Como se verá, a afirmação era inexata, o que já nos assinala o impasse criado, nesse relato, sobre o que H. Besserman Vianna teria acrescentado ao artigo da *Voz Operária*.

III- Um outro ponto desse relato decididamente selvagem vai, principalmente, nos reter. Logo se verificará ter sido este o ponto de virada, a partir do qual o conjunto do problema terá voltado a ser exposto pela reintrodução do caso, no sentido em que Sigmund Freud publicou casos e, a partir principalmente dessas publicações, instaurou seu método como uma certa maneira de fazer caso. Esse ponto preciso, eminentemente local, atômico, discreto no sentido matemático do termo, era o seguinte: seria realmente, como está escrito, um torturador que teria sido tomado por L. Cabernite em análise? Seria mesmo esse traço, eleito entre cem outros possíveis concernentes a A. Lobo, que teria também atuado na sua admissão como aluno analisando?

Quem quer que tenha um pouquinho de experiência, não forçosamente, decerto, de psicanálise, mas de qualquer ligação (comercial, amigável, amorosa, erótica, de trabalho, etc.) que se inaugura, terá talvez aprendido que o traço de eleição do parceiro não é necessariamente distinto de saída, longe disso. Ele pode também ser ali demarcado como signo, mas desconhecido no seu valor de significante, permanecendo assim não sabido (sabe-se que foi isso que amarrou, por exemplo, "um certo sorriso", ou "o timbre de uma voz", mas não se sabe por quê). Tanto é assim que se pode esperar de um analista, ao afirmar algo como (parece que isso se diz) "acabo de receber um obsessivo em análise", ou "um jovem", ou "uma mulher", ou o que quer que seja que se queira colocar como argumento à função "tomar em análise... ", que ele esteja minimamente advertido do caráter *a priori* intempestivo de tais declarações. Quem terá sido eleito analisando? Eis que não se sabe, que se vai saber só-depois, se é que se saberá algum dia. Quem, pois, teria Freud tomado em análise quando deitava em seu divã Sergueï Pankejeff? O personagem que, muitos anos depois, escreveria *The Wolf-Man by the Wolf-Man*[13]? Sem dúvida que não! E no entanto...

Tomada como objeto, Lacan chamava a linguagem "o que se diz mente[14]". Se tal é mesmo o caso (até um dos melhores dos casos, pois dizer ainda, como fazia o mesmo, que "a linguagem é mal feita" instaura uma relação bem mais dificultosa com a verdade), isto exige assim mesmo certas precauções quando se pretende dizer o fato. E Lacan admite, afinal de contas, com base nesse reconhecimento do caráter fundamentalmente inadequado da linguagem, que a história não poderia se diferenciar absolutamente da histeria: ele escrevia, portanto, "hystoire"*, a história, histericizando a história. Era a maneira lacaniana de transcrever o famoso adágio dos historiadores: "Não há história que não seja contemporânea", ele mesmo um eco, não tão distante assim, da

---

* Palavra formada por *hystérie* e *histoire*, histeria e história, que daria, em português, algo como "histeória". (NT)

[13] Basic Books Inc., Publishers, Nova York, 1971.

[14] Jacques Lacan, *Le sinthome*, inédito, sessão de 18 de novembro de 1975: "[...] quando se diz "realmente", "mentalmente", "heroicamente", a adjunção desse "mente" já é em si suficientemente [*sic*] indicativa do seguinte: é que se mente. Há mentira indicada em todo advérbio e não se trata de acidente. Quando interpretamos, devemos prestar atenção a isso. Alguém não muito afastado de mim observava, a propósito da língua, na medida em que esta designa o instrumento da fala, que esta era também a língua que tinha as papilas ditas do paladar. Pois bem, vou lhe responder que não é à-toa que o que se diz mente! Vocês têm a bondade de rir, mas isso não é engraçado."

prática dos arcontes que não desconheciam (como frisava Jacques Derrida recentemente[15]) que o simples fato de eleger tal arquivo e excluir tal outro engajava a política de hoje e mesmo aquela de amanhã. Dizer o acontecimento comporta as tramas presentes e por vir. Mesmo que o extermínio de judeus pelos nazistas devesse repertoriar um mesmo número de mortos e assassinos, os mesmos lugares de crime, os mesmos arquivos, vamos convir, por exemplo, que não se vai tratar do mesmo fato conforme se o chame de "holocausto" ou de "shoah[16]". Para dizer a verdade, o nome diferente exclui essa mesmice, produz outras cifras, outros lugares, outros arquivos, um fato sobre o qual Derrida não deixou de indicar o que comporta de violência[17]. Assim, só há história contra a histeria, de encontro a ela, indo contra — o que não resulta necessariamente, decerto, numa história sem trama, sem cor, sem afeto.

O discurso histórico pode, pois, igualmente atuar em sentido contrário a essa verdade do passado que pretende formular, servir à histeria, a começar por seu mestre. E não é porque uma história se dá ares universitários que ela deixa de tocar nessa mesma corda que aparenta desprezar. Ela paga por esse desvio em exatidão, acrescentando, mesmo, um caráter saboroso às afirmações em proveito desse mestre sobre o qual, dizia Lacan, a histérica reina. Ora, eis que com um analista torturador, questão picante, condimento, o prato estava feito.

---

[15] Jacques Derrida, *Mal d'archive*, Paris, Galilée, 1995.

[16] "Holocausto" é o termo utilizado por H. Besserman Vianna, op. cit., p.157.

[17] Jacques Derrida, *Mal d'archive*, op. cit., p.19: "Trata-se aqui, desde o exergo, da violência do próprio arquivo, *como arquivo, como violência arquival*" (itálicos de Derrida).

Uma zona

A jornada de 9 de fevereiro de 1997, ela mesma sem título, era dedicada ao tema do livro. A folha que apresentava o programa sugeria que poderiam intervir alguns notáveis, em especial Serge Lebovici e Daniel Widlöcher, respectivamente presidente de 1973 a 1977 e atual vice-presidente da IPA, cujos testemunhos já figuravam nesse livro. Outros presidentes ainda: da SPP (Societé psychanalytique de Paris), da APF (Association psychanalytique de France), uma vice-presidente da IPA... Manifestamente, siglas e títulos contam aqui! Fala-se, o mais das vezes, não em nome próprio, mas com uma palavra oficial, que engaja uma instituição. Não se fala, como todo mundo, sem saber direito quem fala; menos ainda no registro que Michel Foucault distinguia como esse "princípio ético, o mais fundamental, talvez, da escrita contemporânea", a saber, o beckettiano "Que importa quem fala, alguém disse que importa que fale[18]". Não, aqui fala-se a partir de uma qualidade, falando... representa-se.

Cansadas, as sumidades (cansadas de representar? Ou para continuar representando?), se abstêm de vir. Um outro acontecimento que não o que se teria querido, ou pelo menos que não o que se teria apregoado, ocorreu.

Ainda assim, a questão concernente à instituição IPA era suplementada por um outro tema mais crucial, ao menos para

---

[18] Michel Foucault cita a fórmula integralmente na sua conferência de 22 de fevereiro de 1969 na Societé française de philosophie. Cf. M. Foucault, "Qu'est-ce qu'un auteur?", *Littoral* nº 9. La discursivité, Toulouse, Érès, 1983, p. nº 3 e 6. Igualmente em *Dits et écrits 1954-1988*. T. l, 1954-1969, Paris, Gallimard, 1994.

aqueles que aceitavam identificar a IPA, com R. Major, como uma "organização internacional legitimada pelo pensamento de Freud[19]". "Por [...] Freud"? Admitir isso é negar o fato de que, de uma maneira geral, o próprio Freud não jogava o jogo cujas regras a IPA (não sem sua concordância) estabelecia. Mas dizer "pelo *pensamento* de Freud" é uma asserção mais radical ainda. Para validá-la, será preciso descartar, entre outros fatos determinantes da história do movimento freudiano, nada menos que todos os embates de um Lacan com a IPA. Lacan, decerto, não foi o único a contestar que a IPA fosse "legitimada pelo pensamento de Freud" e, justamente, contrapondo este último a ela. Não é isso, aliás, o que R. Major faz hoje? Mas, então, por que atribuir tanto à IPA?

Presidente titular da SIHPP, R. Major presidia também a sessão. Ele tomou a palavra em primeiro lugar, dizendo, no tom grave e com as reservas que se impõem em semelhantes casos, que se tratava, naquele dia e com aquela reunião, de expor "um ato de consciência".

Seria ele, perguntava-se o que ouvia essas declarações, um recém-chegado à psicanálise, a qual formula, em se tratando da consciência (Freud) e do ato (Lacan, com Freud), algumas teses que não combinam necessariamente com a noção de "ato de consciência". Certamente, assim determinado, o qualificativo "consciência", longe de remeter à consciência de Freud, elemento de uma tópica que a coloca um tanto mal, que contesta seus privilégios ancestrais, vale aqui por "moral". Mas dever-se-á admitir

[19] H. Besserman Vianna, op. cit., p.13.

que existe aí, realmente, uma novidade, e até mesmo, e principalmente, por seu viés, uma rejeição das estocadas mais vivas, em Freud, relativas à moral. Com efeito, quando se trata a cada instante de moral, ou "melhor" ainda, de "ética", busca-se em vão na obra promovida naquele dia uma só linha onde se pergunte, interrogação no entanto elementar em psicanálise freudiana, se essa ética onipresente não seria... pois bem, o quê?... uma manifestação do feroz supereu. Introduzido em psicanálise no começo do ano de 1997, em Paris, por R. Major, o ato de consciência seria um viés pelo qual a consciência viraria para a moral, enquanto a moral seria enfim desembaraçada desse desmancha-prazer moralizador que é o supereu? Seria preciso, em breve, recordar Freud apropriando-se de Kant?

Entretanto, não foi necessário interrogar-se durante dias inteiros sobre essa invenção reconciliadora, na psicanálise, do ato com a consciência. A resposta, com efeito, veio naquele mesmo dia: à guisa de "ato de consciência", houve... uma zona. Não faltaram nem os gritos, nem as intervenções intempestivas, nem os movimentos ondulantes do público, nem os convites a deixar o local lançados àqueles que, num dado momento, se afastavam do pensamento dominante do grupo, nem mesmo os insultos, seguidos ou não por pedidos de desculpas, alguns espontâneos e outros exigidos pelo insultado. O presidente da sessão, mas não apenas devido a sua função, teve grande parte da responsabilidade por esse deslizamento do ato de consciência desejado para a baderna. Foi assim que, longe de manter seu lugar de moderador dos debates, por mais vivos que fossem, foi cedendo este lugar cada vez mais a É. Roudinesco — que na verdade já é sua vice-presidente na SIHPP. Valendo-se da vantagem constituída pelo fato de ser instalada na tribuna, É. Roudinesco exerceu, sempre que possível, a vocação de diretora de escola (maternal?), até chegar a ocupar a cadeira central, do presidente. Só fazemos aqui, conforme sua sugestão, dizer os nomes. Com efeito, ela mesma gritou várias vezes para Conrad Stein, que no entanto era co-organizador, como presidente dos *Études freudiennes*: "Vá brincar lá fora!" R. Major deixou rolar, aparentemente sem se perguntar se permitir a usurpação pública de seu posto era um serviço prestado ou uma armadilha preparada para aquela que o substituía. A zona reinante, ao que parece, pedia uma vara, essa vara que seria a história e que, sob a batuta de É. Roudinesco, torna-se tanto mais prescritiva quanto menos rigorosamente descritiva[20]; e a vara provocava uma zona cada vez maior. Deixando, pois, o belo "ato de consciência", estava na hora, para Conrad Stein (que o fez notoriamente, lá da tribuna, vestindo seu sobretudo no começo da sessão da tarde, depois de ter tido de batalhar para dizer uma palavra) e alguns outros, de deixar o local, única maneira de restabelecer, se ainda fosse possível, um mínimo de hospitalidade para com as pessoas estrangeiras que tinham vindo do Brasil para nos falar, principalmente a Sra. Helena Besserman Vianna, autora do livro, e o Sr. Wilson de Lyra Chebabi, delegado do grupo *Pro Etica* de que vamos falar daqui a pouco.

Devo relatar aqui minha intervenção, que provocou, de uma maneira imprevista para mim, não a zona, decerto, mas sua reali-

[20] Além das observações acima, é possível reportar-se a Jean Allouch, "Un Jacques Lacan sans guère d'objet ni d'expérience", *Revue du Littoral*, nº 38, "Fous à lire", Paris, F.P.F.L., novembro de 1993.

zação. Depois das exposições costumeiras, talvez menos ingenuamente informativas do que parecia no início, engajou-se uma discussão onde acreditei, ao ver que a resposta não vinha, que ela parecia ser evidente em si para todos, poder formular uma pergunta — aquela com a qual eu havia chegado: "O que a psicanálise como tal tinha a ver com isso?" Tive apenas o tempo justo de refazê-la, de modo um pouco diferente, uma segunda vez: "Como se sabia que se tratava de um *psicanalista* torturador?" Mal foi formulada, antes mesmo que eu pudesse acrescentar qualquer coisa que permitisse a todos escutar a pergunta de outra maneira que não com preconceitos solidificados num conjunto binário, onde aqui estava o bem e ali estava o mal, houve um clamor, quase uma grita de indignação. O que é que eu dizia! Logo se declarou, e o público aplaudia semelhante declaração (mais tarde, esse público ficou mais dividido), que eu avalizava o torturador e seus cúmplices, que eu não era digno de ser um psicanalista, que eu negava aquilo que era mais eticamente sagrado no Ocidente e outras pérolas do mesmo teor.

Em meio a semelhante dilúvio de opróbrios, Conrad Stein (que também interroga sem dar a mínima importância à representação, o que lhe vale, ao mesmo tempo que a estima de muitos, sua posição atravessada na IPA[21]) conseguiu encontrar uma brecha na saraivada de golpes (verbais, mas visando ainda assim, realmente, a ferir) para observar à assembléia que o próprio vigor da sua reação testemunhava em favor da pertinência da

[21] A afirmação certamente não implica que aqueles que se metem a representar sintam-se perfeitamente à vontade. Entretanto, esse outro mal-estar deverá permanecer encoberto, e o deverá na medida mesma em que essa representação funcione.

questão. Esta, pelo menos, dizia ele, tendo em vista a violência da resposta, mereceria algo diferente daquilo a que já se dedicavam a fazer: descartá-la sem outra forma de processo.

O que é que ele dissera! Foi a vez de ele ser enquadrado. E chegou-se mesmo, da audiência, a tratá-lo de... Papon[22]. Conrad Stein... Papon! Isso mostra o quanto os espíritos estavam perdidos e acalorados. Mais tarde ainda, sua pergunta sobre a função de A. Lobo na equipe de tortura (estava ele ali como médico, para evitar que os torturados fossem mortos prematuramente?) não encontrou menos vaias do que aquela que eu tentara formular.

O escrito que se segue, pois bem, justamente, segue, faz seqüência ao ato de consciência-zona.

---

[22] Maurice Papon: homem político cuja ação sob o governo de Vichy, na deportação dos judeus do Bordelais, não impediu que fizesse carreira no gaullismo da quinta república. Deixo em branco, como um teste para o meu leitor, de quem poderia ter vindo semelhante insulto.

Derrapagens

Eu... decididamente sim, começo aqui escrevendo "eu", apesar do uso que quer que uma modéstia de bom tom, em conformidade, o que é mais, com a doutrina lacaniana do sujeito (isto é, de uma subjetivação e não de um estado de sujeito) descarte como inconveniente semelhante primeiro lugar atribuído ao eu no começo de um capítulo. Mas como não seria este "eu" inicial, ainda que fosse um "eu" ainda não subjetivado, em se tratando de um escrito-grito? Eu... , portanto. Vamos recomeçar.

Eu reivindico o direito de dizer que um torturador — ou um cúmplice de torturador — diz a verdade quando ele diz a verdade, afirma algo de pertinente quando ele afirma algo de pertinente e, certamente, o direito de dizer que ele mente e se engana ou nos engana quando ele mente e se engana ou nos engana; eu reivindico *igualmente* poder julgar que uma vítima — ou simpatizante de uma vítima — mente, ou se engana ou nos engana, quando ela mente ou se engana ou nos engana, e, certamente, que ela diz a verdade quando diz a verdade, afirma algo de pertinente quando afirma algo de pertinente. Exatamente: reivindico poder proceder assim sem ser de imediato qualificado, no primeiro caso, de cúmplice do carrasco, e no segundo de simpatizante da vítima. Reivindico poder dispor de um pouco de liberdade na malha cerrada dos julgamentos éticos, poder julgar de outro modo que não nesse terreno.

Leitor... já que, depois do "eu", és tu que vens, e na segunda pessoa, leitor, pois, se não me concedes o que acabo de reivindicar, abandona estas linhas, volta, por favor, às tuas ocupações.

Mas por que se deve, assim, em se tratando do par carrasco-vítima, reivindicar o direito de abrir o jogo, de fazer apelo ao exercício de uma certa secura de julgamento? É que há uma disparidade: no parágrafo acima, percebo agora que "cúmplice" concerne ao torturador, que evidentemente não se supõe, mesmo que isso seja inexato, ter simpatizantes, ao passo que não se usa dizer "cúmplice" da vítima, mesmo quando é este o caso, quando se dá provas públicas, com relação a ela, de uma simpatia politicamente orientada e interessada (ou religiosamente: o cristão não mereceria ser chamado de cúmplice de Cristo?). Essa disparidade de acolhimento reservado ao carrasco e à vítima torna manifesta uma primazia atribuída ao sofrimento, e mesmo um tributo pago pela razão ao sofrimento. A positivização cristã da Cruz teria acabado por traçar um caminho a ponto de todos no Ocidente terem de trilhá-lo? Tudo se passaria ainda, alguns séculos depois das guerras religiosas, numa época que permanece de missões, como se, em nome do sofrimento do Cristo, nenhum assassinato jamais se houvesse cometido. Como se nenhuma vítima houvesse jamais, tal como o Cristo, precisamente ao se apresentar ou ser apresentada como vítima, aterrorizado alguém, nem arrolado alguém em alguma seita[23], em algum partido.

Uma "nova" palavra de ordem: para a ética, pela ética

Para julgar o caso do dito "psicanalista torturador", as pessoas se reagruparam, uniram-se a outras. Mas não a amigos ou aliados políticos, não a camaradas do mesmo partido, não a outros cidadãos (ou, pelo menos, nada nos é dito sobre tais ações, se é que elas ocorreram, como se a dominação da ética de que tratamos viesse junto com um abandono da política — é o que já mencionamos e logo iremos confirmar). Não, optou-se por responder com... colegas. Com semelhantes. Criando com eles um comitê de ética, se terá pois estudado o dossiê durante dois anos, terão sido escritas 1500 páginas. E esse movimento, para terminar, terá criado o seguinte texto, vindo de um grupo dissidente saído da Sociedade Psicanalítica do Rio de Janeiro (SPRJ), filiada em 1975 à IPA, logo, reconhecida por esta digna casa matriz, um texto assinado por trinta e seis nomes, supostos serem nomes de psicanalistas, já que, nesse tipo de Sociedade — não é mesmo? —,

---

[23] Seja uma noiva que vê seu prometido ingressar numa ordem religiosa cristã. Se ele se entregasse de corpo e alma a uma seita, ela poderia chorar suas mágoas, levar sua queixa à Justiça, fundar um comitê anti-seita, etc. Mas, em se tratando de uma seita que foi bem sucedida, ordena-se a ela, realmente, que recalque seu grito. O ganho não é secundário, para a seita que deu certo. Mas, o que se faz, na *in-seita*, desse grito abafado?

ou se é psicanalista ou não se é. Assim, produziu-se esse animal curioso: o psicanalista "em formação[24]". Este se formaria, tal como os adolescentes "se formam", segundo as vias preestabelecidas de um processo natural? Sim. Do contrário, como se explicaria a utilização maciça da noção de processo, ali onde, precisamente, não o há[25]? Que outra razão explicaria que se seja dito psicanalista no começo mesmo da "formação"?

> Em virtude dos princípios da Declaração Universal dos Direitos do Homem, da Convenção de Genebra, bem como das de Helsinque e Tóquio, e igualmente de acordo com os princípios da ética médica e da Constituição brasileira, nós nos desligamos da SPRJ. Denunciamos a impunidade e a negligência de que esta dá provas no que toca às traições evidenciadas pelo relatório do comitê de ética.
> Apelamos para o Conselho da IPA, instância superior, a fim de que lembre à SPRJ os princípios morais fundamentais da profissão psicanalítica[26].
> Rejeitamos toda conivência com colegas que dão provas de uma complacência culpável com relação aos acusados.
> Exigimos um exame do relatório do comitê de ética e uma apuração das responsabilidades.

Devemos compreender que a Declaração Universal dos Direitos do Homem, as Convenções de Genebra, Helsinque e Tó-

---

[24] O texto de *Cuestionamos* diz "candidato". Cf. *Cuestionamos, p.78 e 80.*

[25] Para uma apresentação da foraclusão precoce do "processo" no trilhamento de Lacan, podemos nos reportar a J. Allouch, *Marguerite, ou l'Aimée de Lacan*, posfácio de Didier Anzieu, segunda edição revista e aumentada, Paris, EPEL, 1995, cap.15, "A perda sofrida por Lacan". (publicado no Brasil sob o título *Marguerite, a "Aimée" de Lacan*, Rio de Janeiro, Cia. de Freud, 1997 (NT)).

[26] Declaração do grupo *Pro Etica* em julho de 1996, citada por R. Major *in* H. Besserman Vianna, op. cit., p.21 e ainda outra vez por H. Besserman Vianna p.246.

quio, os princípios da ética médica, aqueles da Constituição brasileira, que este conjunto (coerente?) constitua uma justa e precisa formulação dos "princípios morais fundamentais da profissão psicanalítica[27]"? Pois bem, sim, *deve*-se compreendê-lo. A prova disso é que ninguém, dentre os signatários dessa edificante prosa, ao menos a julgar pelo livro de H. Besserman Vianna, se coloca, a respeito, a mínima questão.

O grupo que porta semelhante estandarte se intitula, pois, ele mesmo *Pro Etica*. R. Major se declara solidário com ele[28], e a própria IPA escreve que:

---

27 Em Lacan, não existe a profissão psicanalista. Tal como Descartes avançando mascarado, o psicanalista exerce uma profissão que "encobre" o possível ato analítico. O simples título do texto "Proposição de 9 de outubro de 1967 sobre o psicanalista da escola", onde se trata desse encobrimento, desse recobrimento, diz bem a distância entre psicanalista e profissão: o fato de que só haja psicanalista observável como tal "da escola" indica um outro registro, para a produção do psicanalista, que não um anuário profissional.

28 H. Besserman Vianna, op. cit., p.26: "[...] terei escrito estas linhas, por insuficientes que sejam com relação à História [*notar a maiúscula, pequeno traço narcísico segundo o qual o que se escreve tem, é claro, um valor histórico*], em solidariedade com o grupo *Pro Etica* (...)." Essa empáfia, essa maneira de considerar *a priori* como histórico o menor gesto que se faz tem conseqüências sobre esse próprio fazer: este se vê, com efeito, hipotecado. É assim, por exemplo, que nunca se envia uma carta, se é verdade, como todos sabem, que uma carta enviada é uma carta da qual o remetente se desapropria. Aqui, não, o remetente guarda sempre uma cópia que lhe permitirá, no momento escolhido por ele, publicar a carta *soi-disant* enviada. Mas então, se o remetente está sabendo dessa cópia desde o tempo de escrita da carta, a quem escreve ele? Para quem? Para um juiz por vir? Para a história? Dito mais sinceramente, escreve-se para um ajuste de contas por vir, o que bem manifesta que o ajuste em questão não ocorreu com o envio da carta. E R. Major se indigna: "A dúvida sobre a existência das cartas é demasiado grave", asserção que merece um *sic*, se é verdade que ela parte de um caloroso partidário da divisibilidade da carta (devíamos dizer: divisidebilidade, cf. aqui mesmo, nota 84). Ou ainda: "[...] perguntando-me o porquê de decisões tão importantes não terem sido imediatamente arquivadas" (p.291). Assim atrapalhado com arquivos, não se vive, ou pelo menos, não se vive sem "imediatamente" escrever a história: já se sabe, no momento em que alguma coisa acontece na própria vida, que aquilo é, vai ser histórico. Aí está, pois, radicalmente erradicado dos quadros o conceito freudiano de só-depois.

> [...] no caso em que ele decidisse fundar uma nova sociedade para formalizar seus princípios analíticos, teria a assistência e o suporte da IPA[29].

O delegado da *Pro Etica* estava lá. Pois há, em tais grupos, representantes do grupo, como foi dito. Acrescentemos: nem mesmo vai-se ater, como "representante", apenas ao significante — representando o sujeito, o que é mais, para um outro significante e não para alguém mais ou menos oficializado. Este delegado, pois, não hesitou em nos acenar com a divisa de seu grupo. Uma divisa que, caro leitor, confesso que me dá um frio na espinha: "Para a ética, pela ética". Não utilizo as maiúsculas que, sem dúvida, no espírito de *Pro Etica*, certamente devem estar ali. Essa divisa, aliás, se inscreve no próprio nome desse grupo, o *pro* brasileiro querendo dizer "para" e também "por".*

"Pour l'éthique", a favor da ética ... mas quem seria contra? Jean-Jacques Pauvert é testemunha disso: nas quartas-feiras de Paulhan, Camus falava do próprio Sade como de "nosso maior

---

[29] Assim se conclui o texto "Atas do Conselho Executivo da IPA", de 11 de agosto de 1996, citado p.247-250 do livro. Pode-se ler esse texto como um testemunho de uma grave perda das referências analíticas mais essenciais na IPA. Adotando os princípios do grupo *Pro Etica*, a IPA estaria renunciando aos seus? Ou visaria ela, ao contrário, absorver, de certo modo, por astúcia, reduzir a nada, enfim, os princípios do *Pro Etica*? A crer na declaração do atual presidente da IPA situando a psicanálise como "teoria oferecendo uma perspectiva integral do ser humano" (sim, a leitura está certa, *integral*, cf.Horacio Etchegoyen e Jacques-Alain Miller, *Silence brisé*, Paris, Agalma, 1996, p.44), é a primeira solução que se impõe. Entre os lacanianos também? O fato é que esse integralismo, este graal do integrismo não suscitou qualquer reação em Jacques-Alain Miller, o qual não se mostra aqui um representante bem representativo de seu sogro.

* Em francês, *"pour... par"*, respectivamente. O emprego desses termos, traduzidos em geral como acima, não corresponde exatamente ao português, a palavra *"pour"* podendo significar "por" no sentido de "pró", "a favor de", enquanto *"par"* significa "por" no sentido de "por meio de", "através de". (NT))

moralista[30]". Ainda se poderia esperar, de pessoas que se dizem e entredizem "psicanalistas", que este "a favor da ética" fosse questionado, e em especial pelo viés do caro marquês, mesmo que devessem persistir em recusar, na negligência quase absoluta em que mantêm Lacan, associá-lo a Kant. Ainda assim, vamos citá-lo, para ver se causamos uma vontade de ir ver as coisas mais de perto naqueles que têm na boca os direitos do homem ao mesmo tempo em que negligenciam Sade, se é que eles ainda são suscetíveis de serem habitados por uma tal vontade:

> Que se remetam apenas [...] à doutrina de cujo princípio o próprio Sade funda o reino. É a dos direitos do homem. É que nenhum homem pode ser de um outro homem a propriedade, nem de modo algum o apanágio, que ele não poderia fazer disso pretexto para suspender o direito de todos a gozar dele cada um à sua vontade[31].

Tampouco se discute esse outro entrave ao moralismo que constitui a posição de Hannah Arendt ao admitir como fundada a de Adolf Eichmann (este, na sua defesa, se apresentava moralmente como sendo kantiano). É uma pena, mesmo assim. Será que se tem medo, por tê-la entrevisto, de se confrontar com a frase que Heine dirigia aos republicanos alemães:

> Não temam, republicanos alemães, a revolução alemã não será mais suave e amena porque a *Crítica* de Kant [...] a tenha precedido [...] Vão emergir kantianos que se recusarão a respeitar até mesmo o mundo dos fenômenos visíveis [...]. Pois a mão do kantiano golpeia com força e sem hesi-

---

[30] "Pauvert en français dans le sexe", *Libération* de 24 de abril de 1997. Entrevista com Jean-Jacques Pauvert, p. II do *Cahier Livres*. Assinalemos para quem não conhece, de Jean-Jacques Pauvert, *Les nouveaux (et moins nouveaux) visages de la censure* [Os novos (e menos novos) rostos da censura], Paris, Les Belles Lettres, 1994.

[31] Jacques Lacan, "Kant avec Sade", in *Écrits*, Paris, Seuil, 1996, p.771.

> tação, porque seu coração não se emociona com nenhum tipo de referência tradicional[32].

Mas, para além desses impasses maiores, é principalmente o "par l'éthique", por meio da ética, que francamente me assusta. Pois isso quer dizer, isso diz que a ética é, para o *Pro Etica*, o caminho. Eu acreditava saber que o caminho, isto é, o método (caminho e método são o mesmo termo: *odos*) freudiano, era o... analítico. Que era isso que Freud havia trazido: *um método analítico* (diferente do método anatomoclínico, no qual, médico, ele se havia formado). Que, ao fazer isso, esse tal de Sigmund Freud havia inclusive constatado que não era à força de vereditos éticos que se abordava, que se acolhia a loucura. Que Freud não era um H. Baruk que pretendia curar a loucura sendo um justo, um psiquiatra justo[33], que o próprio H. Baruk permanecia um caso isolado na psiquiatria moderna, a qual só é criadora ali onde se está advertido para ser apenas, justamente, psiquiatra. No seu confronto com Putnam (cf., aqui mesmo, o capítulo "Enlaces", primeiro item), Freud aliás rejeita explicitamente o tratamento pela moral.

Vamos, pois, mostrar que com essa etificação da psicanálise onde o grupo *Pro Etica* está na vanguarda, é a analítica freudiana como tal que se vê esvaziada. E não é a única a sê-lo.

---

[32] Citado por Nicolas Weill em sua resenha do livro de Alain Renaut *Kant aujourd'hui*, Paris, Aubier, 1997 (*Le Monde* de 28 de março de 1997). Nicolas Weill intitula, muito justamente, seu artigo "Kant meu próximo", alusão a "Sade mon prochain" de Pierre Klossowski.

[33] H. Baruk, *Psychiatrie morale expérimentale individuelle et sociale*, Paris, PUF, 1945. No passo que vai a etificação, pode-se apostar que não se tardará a retornar a Baruk como a um precursor.

Quando a psicanálise perde seu objeto, até mesmo toda especificidade

Pois, se assim é, pode-se logicamente esperar que a análise freudiana perca seu objeto. E, com efeito, em vão se procura um caso e seu tratamento analítico nessa história que nos é contada e que concerne à vida de duas Sociedades analíticas na sua ligação com a IPA durante bem umas duas décadas. Para dizer a verdade, não inteiramente em vão. Mas terá sido necessária, como veremos, minha intervenção oral para que o caso finalmente seja comentado.

Decerto, o livro é portador de uma resposta, uma tese de R. Major, da qual ele seria a ilustração exemplar. Segundo essa tese, é o conjunto da questão apresentada no livro *Politique de la psychanalyse face à la dictature et à la torture*, o conjunto dos acontecimentos recenseados, o conjunto de seus protagonistas (ou seja, pelo menos algumas dezenas de pessoas, para levar em conta apenas os diretamente envolvidos) que constitui o caso. Semelhante concepção só pode ser recusada, e isso pela razão banal de que, então, não é mais possível aplicar o método analítico de associação livre ao caso, e tampouco há um analista possível do caso[34]. Assim, como já notamos a propósito da histericização da história, volta-se a dar lugar ao mestre, ao mestre do caso.

A extensão da clínica analítica proposta por R. Major é uma derrapagem. É assim que a psicanálise se torna esse monstro a que se chamou "geopsicanálise", título de um encontro "franco-

---

[34] E Schreber? A objeção incide parcialmente: não há associação livre, não há demanda de análise dirigida por Schreber a Freud, a Lacan, a cada um daqueles que propuseram uma versão do seu caso. No entanto, Freud estuda seu dizer e se atém a ele (o

latino-americano" organizado por R. Major em 1981, em Paris, e do qual participavam "[...] membros da *Plataforma* (um grupo de psicanalistas que se havia formado no início dos anos 70 e que era, precisamente, o responsável pela revista *Cuestionamos*[35])". Como se o "psi" colado à psicanálise não bastasse mais! O movimento de Lacan será invertido: descolar o "psi" em lugar de suplementar o "análise" com mais outros prefixos. Ora, será preciso, evidentemente, acrescentar a história[36]. Eis-nos então, portanto, com pelo menos uma geohistoricopsicanálise. Mas há também a política no título da obra. E então? Vai-se tratar, doravante, de uma geohistoricopoliticopsicanálise? E quando, na continuação do caminho, se terá o bio, o eco, o sócio... o ético, de sua parte, já estando aí?

Esse caminho tem suas balizas.

Em 1981, inaugurando o encontro geopsicanalítico de R. Major, Derrida clamava por nada menos que a constituição de uma nova IPA. Lendo publicamente o último artigo dos projetos de constituição e de estatutos interrompidos no XXXº

---

que lhe foi, mesmo, reprovado). E Lacan, longe de estudar o texto de Freud sobre Schreber, a que o incitava vivamente a época de seu ensinamento que era a de seu retorno a Freud, o que teria sido muito bem visto por seus discípulos, estuda essencialmente, também ele, depois de Ida Macalpine, o texto de Schreber. A maneira como se apropria da "política da psicanálise diante da tortura e da ditadura" (o verdadeiro nome do caso é este mesmo título, mediante o que a noção de "caso histórico" assume um outro sentido) só precisa estabelecer um tal limite.

35 H. Besserman Vianna, op. cit., p.11.

36 Ainda aqui podemos ser reconhecidos a R. Major por balizar para nós, por seu próprio itinerário, um percurso significativo: presidente de uma Sociedade Internacional de História da Psiquiatria e da Psicanálise, ao mesmo tempo que membro de uma sociedade psicanalítica filiada à IPA, ele se vê doravante, conforme sua carta de demissão da IPA de 6 de dezembro de 1996, como não inscrito em nenhuma escola de psicanálise (admitindo-se que a IPA seja uma). A Sociedade de História ocuparia, daqui por diante, o lugar de uma tal inscrição?

Congresso da IPA em Jerusalém em 1977, texto que se refere, portanto, à dissolução da associação e que, realmente, vale a digressão, Derrida declara:

> [...] ele me interessa em primeiro lugar na hipótese em que me coloco e onde creio que vocês estão historicamente, a de uma transformação radical e em curso que deverá algum dia equivaler à dissolução da API fundada por Freud e sua substituição por algo diferente, inteiramente outro[37] [...].

Para quem, na sala assim solicitada, ainda não houvesse compreendido, Derrida acrescenta: "[...] e o que se passa aqui mesmo já faz pensar nisso", dizendo ainda, pouco depois, "ter em vista um novo *socius* psicanalítico". R. Major, em seu prefácio ao livro de H. Besserman Vianna, vai retomar, freqüentemente sem dizê-lo, um bom número de asserções formuladas por Derrida nesse dia do lançamento de uma psicanálise derridiana, explicitamente prometida para tomar o lugar daquela portada pela IPA.

Existe aí um projeto político, de uma política da psicanálise, sobre o qual podemos nos perguntar se a retomada parisiense do caso A. Lobo por R. Major não seria um viés a mais de sua realização. Uma prova da existência desse projeto, da obstinação empregada em fazê-lo passar aos fatos é a seguinte: a propósito dele, R. Major é levado, se não a mentir, ao menos a escrever algo de errôneo.

A questão foi a da "crise do colóquio Lacan". Em 1988, R. Major tomou a iniciativa de um tal colóquio, que seria organizado pelo Colégio de Filosofia. O título escolhido, altamente enga-

---

[37] Jacques Derrida, "Géopsychanalyse *and the rest of the world*", *in Géopsychanalyse, Les souverains de l'instituition*, Paris, ed. Confrontation, 1981, p.26 e 28.

nador, era "Lacan com os filósofos", pálida retomada do "com" — tendo, este último, valor de tese — de "Kant com Sade[38]". R. Major, membro do comitê de organização, anunciou, como título da sua comunicação: "Depois de Lacan: existe uma psicanálise "derridiana"?" Alain Badiou e alguns outros (Jean-Claude Milner, Philippe Lacoue-Labarthe) não se enganaram quanto ao que estava em jogo naquilo que era assim anunciado: "[...] uma possibilidade se origina de Lacan por Derrida até o coração da própria psicanálise", vai escrever A. Badiou[39]. Havia um forçamento por parte de R. Major, e uma inconveniência em fazer essa jogada num lugar e num momento onde a questão sobre a qual os intervenientes estavam de acordo (pelo menos para decidir, cada um deles, intervir) não era a da existência de uma psicanálise derridiana. Introduzir essa psicanálise ao final do colóquio Lacan equivalia mais ou menos a tentar colher em seu benefício a participação de cada um, que não tinha vindo até ali para isso. A enérgica recusa desse empreendimento manifestada por A. Badiou indignou Derrida, que se disse "perturbado", "horrorizado":

> Não se tem o direito, não se deveria ter o direito de impor a quem quer que seja uma prova de esforço para obrigá-lo a modificar ou a calar algo que ele decidiu dizer[40].

Nobres e belas palavras fazendo apelo ao liberalismo, ao coleguismo, à liberdade de opinião, à responsabilidade de cada

---

[38] Nenhum dos sentidos distinguidos por Michel Deguy em sua "Introdução" serve: *ab-hoc*, consecução, simultaneidade, conjunção e nem tampouco o "romper com". Mas o título deveria permitir a formulação de belas inépcias, tais como a seguinte (p.447): "Tratava-se realmente disso: a reinscrição efetiva de Lacan no campo da Filosofia." Coletivo, *Lacan avec les philosophes*, Paris, Albin Michel, 1991.

[39] Ibid., p.425.

[40] *Lacan avec les philosophes*, op. cit., p.444.

um para com o próprio discurso (como se esse "próprio de cada um" da fala fosse um dado de base), etc. Entretanto, essa homilia negligenciava dois fatos: em primeiro lugar, que um colóquio é — escrevia A. Badiou — "o resultado de escolhas, de exclusões, de modificações, de recusa e de controle de pressões diversas[41]" e em segundo, que R. Major, como se diz no jogo de bocha, tinha lançado longe demais o bolim. Mas eis que, tentando justificar posteriormente seu forçamento, R. Major escreve:

> O fato de que interpretem o anúncio de "uma hegemonia do pensamento de Derrida sobre a própria psicanálise" se origina, quaisquer que sejam a importância deste pensamento e a importância de sua relação ao de Freud ou de Lacan, de uma pura imputação, que não se funda em texto algum[42].

Ora, isso é um erro. Citamos o texto acima: em 1981, Derrida lança realmente, para uma platéia franco-latino-americana, a idéia de substituir a IPA por "um novo *socius* psicanalítico". É possível, decerto, entregar-se a algumas argúcias, dizer que Derrida, ao fazer isso, não estava lançando o projeto de uma psicanálise derridiana. Mas quem irá se enganar quando, justamente, dez anos mais tarde, é precisamente essa psicanálise derridiana que se formula por ocasião de um colóquio Lacan?

"Psicanálise derridiana", seria este o nome da etificação da psicanálise que constatamos aqui? Ou bem será preciso conside-

---

[41] Ibid, p.441. Assim, não havia nenhum interveniente da École de la cause freudienne. P. Lacoue-Labarthe notava, de sua parte (cf. p.448), a ausência de Bernard Baas e Armand Zaloszyc, no entanto responsáveis por um seminário no Colégio de Filosofia. A apresentação do colóquio, assinada pelo comitê de organização, foi obrigada, aliás, a confessar haver feito escolhas.

[42] Ibid, p.451.

rar que caminhar no sentido dessa etificação é um viés pelo qual se tenta, em 1981, em 1988, em 1997 ainda, instaurar essa psicanálise derridiana? Nada haveria aí que não fosse clássico, a psiquiatria tendo o costume desse gênero de remendos de origem filosófica, ao mesmo tempo em que revela a pouca importância destes. Mas, por que essa promoção silenciosa e por que, na ocasião, esconder-se ao ser visto avançando?

Cinco anos depois do encontro de 1981, R. Major publicava *De l'élection*[43], obra em que se pode ler muitas declarações igualmente orientadas. Assim,

> A divisão que se inscreve no coração da psique individual nada mais é que a divisão social que funda o Estado de direito[44].

Quem se deve ser, onde se deve estar, em que campo, em que disciplina para segurar numa mesma mão, a ponto de poder identificá-las, a "divisão inscrita no coração da psicanálise" e a "divisão social que funda o Estado de direito"? E também, o que são essas divisões? Mais preciso, Lacan falava de divisão do sujeito, escrevia seu divisor, seu dividendo, seu resto. Mais preciso, também, Freud falava da *Ichspaltung* em referência a uma certa versão de um aparelho psíquico. R. Major usa outras palavras, sem dúvida para uma outra coisa. Com que bateria de termos (sem os quais falar em "divisão" não tem sentido algum)? Ignora-se. Quanto à "divisão social que funda o Estado de direito", a ambigüidade não é menos intensa. Saberia o autor o que funda o Estado de direito? De onde teria ele tirado este saber? E seria isso

---

[43] R. Major, *De l'élection*, op. cit.
[44] Ibid., p.13.

uma divisão? Saberia ele também, ó curiosa coincidência, que essa divisão "nada mais é que" a primeira mencionada? Ao ler tal afirmação, quase não nos espantamos com a violência atual de certos norte-americanos que dizem em alto e bom som acharem confuso esse pensamento francês que alguns compatriotas cultivam com beatitude[45].

Mas, principalmente, tudo se passa como se, formulando o miraculoso encontro dessas duas divisões (estamos bem longe do mal-estar na civilização), o autor jamais houvesse entrevisto que o Estado de direito é também um direito estatal. Como se jamais tivesse ouvido falar de estado de graça, nem da proximidade, sublinhada por Lacan, da graça e do desejo. Como se ele jamais houvesse constatado a essencial disparidade entre o desejo e o direito, os impasses que se seguem quando, por exemplo, se faz do desejo de ser amado um direito.

Em conformidade com a sua derrapagem, R. Major, apoiando-se em certos textos de Freud que se prestam a semelhante leitura, por menos que se dedique a dissociá-los do método freudiano, parece acreditar na existência de "transformações sociais implicadas pela trajetória freudiana[46]". E Freud, reformador social, não teria pensado nisso? Teria recusado fundar um parti-

---

[45] Exemplo bem recente, de que Jacques Derrida é objeto: Galen Strawson, *"All that Freud jazz" (Freud e essa coisa toda), A freudian impression, by* Jacques Derrida. *The Independent* de 19/20 de abril de 1997. Pode-se ler, em especial, o seguinte: "Há uma agradável passagem onde Derrida menciona aqueles pensadores franceses que se apropriam de Freud e de quem ele diz "Yerushalmi parece querer se proteger dele — mas por quê? — como da peste". A questão é crucial, mas pode encontrar uma resposta na réplica que Louis Armstrong deu a alguém que queria saber o que era o jazz: "Se você ficar perguntando, não vai saber nunca." [...]". Para uma outra leitura de *Mal d'Archive,* cf. Jean Allouch, "Nécrologie de une science juive", *L'Unebévue* nº 6, Paris, EPEL, primavera de 1995.

[46] René Major, *De l'élection*, op. cit., p.9.

do para pô-las em obra? Isso não é coerente com a imagem idealizada que R. Major nos oferece dele. Assim, ele nos fala de um Freud que teria levado em conta a revolução bolchevista[47] (o único, em seu tempo, a fazer isso?), ou ainda da existência de uma "crítica freudiana do pensamento de Marx", em outras palavras, de um "Freud leitor de Marx", que é, na melhor das hipóteses, uma brincadeira.

Outro momento "forte" do estabelecimento dessas confusões: em 1989, R. Major apresentava, no Rio, sua "análise transgenealógica", sobre a qual declara que a história da psicanálise no Brasil, esta que aqui nos ocupa, "terá engendrado um caso infelizmente exemplar[48]". *Aqui está, pois, o caso:* geo-historico-psico-politico-analítico. Para que haja caso, no sentido clínico deste termo, será preciso admitir — e R. Major não se nega a isso — que um povo, como um sujeito, pode ser "eleito", tem seus "fantasmas", "fantasias", tem "um inconsciente", tanto assim que se poderá "abrir vias de passagem entre a história individual e a história coletiva[49]". R. Major não parece jamais ter ouvido falar na diferença entre sujeito e indivíduo, nem mesmo constatado que, sem chegar a convocar Lacan, as próprias ciências sociais renunciaram há muito tempo a conceitualizar essa oposição, considerada infrutífera, do individual e do coletivo.

André Green, por um artigo de 1970[50], teria contribuído para

---

[47] Ibid., p.14.

[48] H. Besserman Vianna, op. cit., p.262.

[49] René Major, *De l'élection*, op. cit., as citações remetem às p. 16, 18, 40 e 16.

[50] "Répetition, Différence, Réplication" [Repetição, Diferença, Replicação], *Revue française de psychanalyse*, nº 3, "Répetition et instinct de mort", Paris, PUF, maio de 1970.

essa exorbitante extensão da análise. Citando A. Green, H. Besserman Vianna diz bem o ponto de derrapagem[51], sem se dar conta de que o diz:

> Aplicando à história dessas instituições analíticas a própria lei de que elas são objeto, a saber, os ensinamentos de Freud sobre o recalcado, vê-se como o passado não-dito, a memória ocultada, ressurgem e explodem "ruidosamente", sob a forma de repetições sintomáticas deploráveis.

A antífona dos "recalcados da história" será retomada na resposta da presidenta da Sociedade Psicanalítica de Paris[52] ao artigo do *Monde* de que tratamos aqui mesmo. Mas justamente — responderíamos a H. Besserman Vianna e a cada um daqueles a quem semelhante extensão da analítica freudiana seduz — uma tal aplicação é duplamente excluída pelo método freudiano.

1- Porque a análise freudiana não consiste em "aplicar" o saber freudiano ao caso, mas a acolher o caso segundo um certo método que, interditando-se uma tal aplicação, permite ao caso contestar, se isso ocorrer, o saber freudiano. O desconhecimento deste traço essencial ao método freudiano corresponde exatamente ao fato de que não se soube diferenciar psicanálise e medicina[53], exatamente também à negligência em que se tem a separação entre Freud e Charcot e, pela via dessa negligência,

---

[51] H. Besserman Vianna, op. cit., p.204.

[52] Correspondência, *Le Monde* de 13 de fevereiro de 1997.

[53] Na formulação de uma pergunta dirigida a Bion, H. Besserman Vianna parece realmente pensar que se possa mais facilmente tornar-se analista quando se é "já médico" (H. Besserman Vianna, op. cit., p.83). A análise seria, pois, algo como uma especialidade médica, para a qual com efeito funciona, ainda que muito momentaneamente, esse "já".

exatamente ao lugar dado a um novo avatar do mestre da histérica (não mais o médico, mas o historiador, o historiador-terapeuta, o historiador que não trata de nada).*

2- Porque essa aplicação em extensão dos resultados da análise, tomando de certa maneira toda uma coletividade em análise, negligencia, *ipso facto*, a função do público na análise[54] tal como Freud a apresentava em sua obra sobre o chiste. A razão é de prática e de lógica. Um tal público não pode em caso algum ser tomado por um analisando, a não ser que se eclipse na sua função de público —, é a lógica da manteiga e do dinheiro da manteiga (e do sorriso da leiteira). Além do mais, na prática, quem então irá analisar "três gerações sucessivas[55]" de analistas? H. Besserman Vianna? R. Major? É. Roudinesco? Os três juntos? E nós com eles? Munidos de uma tal abusiva extensão da psicanálise, seus partidários chegam a saudar "um processo de salvaguarda da memória nacional[56]". A nação, seria ela o sujeito? Deitada no divã?

Essa análise grupal produz, assim mesmo, localmente, o seu próprio questionamento. É assim que H. Besserman Vianna escreve[57]:

> Na filiação Kemper-Cabernite-Lobo [é ela quem constitui a dita filiação, como se todo analisando de Lacan fosse automaticamente um neto de Rudolf Loewenstein, o psicanalista oficial de Jacques Lacan], pode-se constatar [sic] a su-

* Em francês, jogo de palavras intraduzível: *l'historien soignant, l'histo un rien soignant*. (NT)

[54] *Littoral*, n.17, "Action du public dans la psychanalyse", Toulouse, Érès, setembro de 1985 (esgotada). Pode-se ler com grande proveito o artigo de Mayette Viltard que abre esse número: "Les publics de Freud".

[55] H. Besserman Vianna, op. cit., p.209-210.

[56] Ibid., p.155.

[57] Ibid., p.209.

> cessão de três gerações, durante as quais acontecimentos próprios a cada uma delas e mantidos em segredo acabam por serem atualizados [*mis à jour*] e ressurgem, provocando "rumores" inquietantes e desastrosos.

É "revelados" [*mis au jour*] que se quer dizer. Estaria sendo dita, por engano, a verdade do que se faz? Logo iremos verificar que a resposta a esta pergunta é positiva.

Ética *versus* direito

Vejamos agora como procede *Pro Etica*. A declaração acima citada começa assim:

> [...] Os acusados foram oficialmente julgados e condenados anteriormente pelo Conselho Regional e pelo Conselho Federal de Medicina. Todos os procedimentos éticos chegaram às mesmas conclusões: [...]

Curiosa noção, a de "procedimento ético" ! Deve-se, certamente, entender "procedimento judiciário[58]". Mas esse deslizamento, como veremos, fala por si. Esse grupo, com efeito, se erige ao mesmo tempo como policial investigador, juiz de instrução, procurador, júri e executor da sentença (se fosse majoritário, por ocasião da assembléia de 13 de dezembro de 1995 da SPRJ, a exclusão desta Sociedade do cúmplice de torturador teria

[58] Na rede de televisão CNN, podia-se ler, como legenda à imagem de uma personalidade política posta em causa numa história de fraude que sacudiu os Estados Unidos em meados de abril de 1997, a expressão: "*Ethic penality*"!

sido mesmo pronunciada por ele[59]). Ora, o fato de não se separar essas diversas funções invalida qualquer processo, até o do mais criminoso dos criminosos. E reivindica-se em alto e bom som as mais elevadas, as mais nobres Convenções jurídicas... Para dispensar-se de aplicá-las, ao julgar quem não as aplica?

Mas ainda há mais. Há o fato de que esse policial-juiz-procurador-júri-executor tem realmente um interesse, como grupo e como indivíduo membro do grupo, na condenação. Esse grupo, portanto, é também um público, aguardando essa condenação às portas do palácio, pressionando, com todas as suas forças, os juízes. O certo é que o julgamento (inclusive como realização da vingança) não seja proferido a partir daí. Mas aqui, zomba-se disso, e temos então esse personagem policéfalo, ao mesmo tempo juiz e parte interessada. Do que ele mesmo é testemunha, quando nos declara o seguinte:

> Recusamos toda conivência com colegas que dão prova de uma complacência culpada para com os acusados.

Importa que a mancha de sangue do "psicanalista torturador", do didata que encobriu seus atos, de alguns outros membros da IPA não vá sujar o terno ou o vestido desses senhores e senhoras. Trata-se, dizem eles próprios, de salvar a reputação da Sociedade a que pertencem. Isso segundo o procedimento mais batido, mais acalcanhado pelo uso: expulsando do grupo a ovelha negra e seus cúmplices, seria reencontrada a sua respeitabilidade. Juízes e partes, nossos éticos começam mal, no que tange ao exercício da justiça.

Mas o que, então, a análise, e mais ainda o "ser analista", têm a ver com tudo isso?

---

[59] Cf. H. Besserman Vianna, op. cit., p.243-244.

Aí está a constatação: *no caso, quando o direito se reveste de ética, ele não é mais possível como direito*[60]. Tal é o efeito sobre o direito, pelo menos sobre o direito dos amadores, daquilo que chamamos de etificação. Indicou-se que tal seria o caso do político, este também descartado pela etificação. Vai-se mostrar agora que o mesmo se dá com a analítica de Freud: também ela anda nas pontas dos pés quando os diplomados psicanalistas decidem agir "para a ética, pela ética".

Vamos observar aqui que o conflito entre o grupo *Pro Etica* e a direção da IPA só incide sobre os meios: para uns e outros, trata-se de salvar a reputação da psicanálise: para uns, isso se dará abafando o caso, para outros, tornando-o público e procedendo a

[60] Exemplarmente, à p.159, lê-se que, questionado, o analista de A. Lobo, Cabernite, "adota uma argumentação jurídica puramente formal (o prazo do julgamento está ultrapassado; o código de deontologia médica aplicado é o atual e não o da época dos fatos; os conselheiros não respeitaram o sigilo, etc.) desprezando totalmente a questão ética que motivou a decisão [...]". Deve-se compreender que se pode desconsiderar os prazos, aplicar um código não em uso à época dos fatos, desrespeitar o sigilo da instrução? Qual é o regime do direito promovido pelos signatários das Convenções de Genebra *and so on*? Tais objeções, caros provedores de lições éticas, não são "de pura forma". É justamente pelo fato de haver direito que se adotam semelhantes regras formais. Tanto assim que aí estão vocês descartando o direito no instante mesmo em que dizem que o respeito formal pelo direito despreza a ética. Uma das linhas de força do conflito entre a direção da IPA e os protagonistas da luta anti-Lobo-Cabernite se atinha justamente ao fato de que a IPA, para as exclusões, a despeito das pressões éticas, tentava se ater às regras de direito que se havia dado, o que constituía um escândalo aos olhos dos éticos (ainda a 13 de fevereiro de 1997), numa correspondência dirigida ao *Le Monde* em seguida ao artigo de Roudinesco, Marilia Aisenstein escrevia: "[...] é errôneo escrever que a 11 de agosto o conselho executivo da Associação Psicanalítica Internacional tenha se recusado a excluir Leão Cabernite. Os estatutos da IPA não lhe permitem afastar um membro contra a opinião de sua própria sociedade [...]". Nada mais clássico numa tal disparidade da moral (sempre suspeita de encobrir um ajuste de contas) e do direito, e não se vê, mais uma vez, em que a psicanálise como tal está concernida. Quanto à IPA, nas suas instâncias superiores, ela nada mais faz, em suma, do que responder, ainda hoje, como o didata incriminado! Com efeito, na página 218, aprendemos que o filho de Cabernite, Hermano, era... advogado! E que esse Hermano defendeu seu pai, justamente fazendo valer as regras do direito. Pode-se ser cúmplice de um torturador e ainda assim observar a falha dos adversários.

algumas exclusões. Haveria, pois, nuns e noutros, uma razão de Estado? Teriam esquecido — aliás, teriam jamais sabido? — que a invenção da psicanálise se liga ao reconhecimento por Freud de que não existe razão de Estado, não existe razão alguma para se deixar a incidência do sexual na formação do sintoma histérico nos bastidores do saber universitário, que não há razão para admitir que a verdade da receita "pênis normal em doses repetidas" permaneça sussurrada entre os homens e a portas fechadas, que não há razão para negligenciar que, quando ocorre conflito entre um caso e a análise[61], o caso deve ter sempre a primazia? Aí está um traço essencial da analítica de Freud, aquela que Freud ensinava — depois de a ter ele mesmo posto em obra na invenção do método analítico — quando aconselhava seus discípulos a abordar cada caso como se nada se houvesse adquirido dos casos precedentes (e este traço constitui uma diferença essencial entre psicanálise e psiquiatria).

A medicina moderna é esse domínio onde a aplicação de um saber previamente adquirido permite o ato terapêutico. Freud inventa a análise diferenciando-se da posição que era encarnada a seus olhos, diante das histéricas e não sem a cumplicidade destas, por um Charcot. À diferença desse mestre, ele reconhece que o saber a partir do qual o sintoma histérico se constituiu e do qual se alimenta, o saber do trauma, é um saber singular, que enquanto médico ele não tem à sua disposição. Tal foi a conseqüência de sua recusa da noção, forjada por Charcot e pouco rigorosa, da "lesão funcional". Logo, é a histérica quem se vê convidada a

[61] Aquela que se diz tal, e que não passa de sua institucionalização sob diversas formas: um saber considerado como adquirido, uma técnica considerada como boa, uma organização de grupo considerada como adaptada, etc.

tomar a palavra, a manifestar a fórmula literal desse saber. Ele, à espera, nesse próprio convite feito à histérica, se abstém de saber, o que, no caso, só pode querer dizer o seguinte: abster-se de fazer semblante de saber. Assim, não existe em parte alguma, em Freud, o que justifique uma afirmação do estilo: "Cabernite, identificando-se sem dúvida com seu didata[62] [...]". Ah, este "sem dúvida", quando justamente se deveria duvidar da imputação que se promove, quando se deveria não saber, quando se deveria saber esperar, para saber alguma coisa, que essa coisa fosse estabelecida. A histeória é quando não se espera.

Aí está, pois, o fato grave, que não concerne somente à IPA no Brasil, mas que, no Brasil, doravante se verifica: para que se venha a dizer, nessa sociedade da IPA, que a psicanálise é distinta da medicina, terá sido necessário que essa asserção seja tomada como argumento de uma deplorável defesa por um Leão Cabernite e um Ernesto La Porta, proibidos de exercer a medicina em julho de 1992 pelo Conselho Regional de Medicina do Rio de Janeiro por "cumplicidade na tortura de prisioneiros políticos durante a ditadura militar[63]". A resposta destes a essa proibição? — "Pouco me importa o exercício da medicina, sou psicanalista." Essa distinção, fundadora da psicanálise freudiana, seria reencontrada aqui, proclamada alto e forte por um didata tentando se esquivar das suas responsabilidades! Pode-se fazer melhor, em matéria de aberração freudiana? Mas como não se vê que é toda a organização médica,

---

[62] H. Besserman Vianna, op. cit., p.162.

[63] H. Besserman Vianna, op. cit., p.157, 159-160 e 204. Foi somente em 1979 que a SBPRJ admitiu não-médicos no Instituto e na Sociedade, isso pela razão de que os médicos em análise, em vista da crise econômica, não conseguiam mais assegurar o conforto material dos didatas. Nada garante que essa mudança, de motivo duvidoso, altere a relação ao saber tal como instaurada no grupo (a função do saber como agente da ação terapêutica).

corporativista, do grupo, que fica, por esse fato, singularmente esclarecida? E que não se vai resolver o problema assim colocado de maneira abracadabrante, expulsando as ovelhas negras que foram as primeiras a diferenciar psicanálise e medicina?

Para retomar ainda de outra maneira esse recurso da análise ao direito, que faria da análise, ao que se acredita, um humanismo, pronto a negligenciar o fato de que a clínica destaca fatos considerados "inumanos", os quais, para dizer a verdade, são apenas demasiado humanos, será que eu confessaria ao *Pro Etica* que jamais precisei me referir às Convenções de Genebra e companhia para tomar uma decisão relativa ao exercício daquilo que, de minha parte, só chamo de "análise" no só-depois? Sim, eu confesso, pronto a incorrer em suas condenações éticas. Antes, fazendo votos de que eles baixem um pouco sua animosidade, sem o que nunca poderão entender que

> [...] considerando os direitos do homem sob a ótica da filosofia, vemos aparecer o que, de resto, todos sabem agora sobre sua verdade. Eles se reduzem à liberdade de desejar em vão[64].

Psicanalista comendador

O prefácio de R. Major nos permite compreender mais precisamente de que disparidade pode se tratar entre psicanálise e direito. Intitula-se, muito judiciosamente, "A Lei"*, já que seu

[64] Jacques Lacan, "Kant avec Sade", in *Écrits*, op. cit., p.783.

* Em francês, *L'Aloi*, que significa lei na acepção de título de moeda ou metal, como na expressão "prata de lei", e se pode empregar em sentido figurado para indicar a qualidade ou o valor de alguém ou alguma coisa. Há no texto um jogo de palavras com *loi*, que significa lei de maneira mais ampla, como regra ou norma. (NT)

objetivo, claramente anunciado, é ligar, a ponto de identificá-las ocasionalmente, o que seria uma boa lei [*aloi*] da analítica freudiana com a lei ética da sociedade. Especialmente à página 9, R. Major diz o que, segundo ele, está em jogo na psicanálise tal como ele o desejaria. Nada menos que uma harmonia entre a ética da psicanálise e a ética médica[65], mas também (já que se está engajado nisso, não vale a pena interromper tão bom caminho) a ética em geral. Trata-se de promover um discurso "[...] integrando a esfera psicanalítica e a esfera ético-política", um discurso que, por não se ter ainda realizado, teria permitido que se lançassem em seu interior "todas as manipulações do mundo psicanalítico pelas instâncias políticas ou policiais". Fica-se pasmo. R. Major acredita na existência de tais "esferas[66]"? Será essa a sua topologia? E como, topologicamente, essas esferas se integrariam? Com um mesmo centro? Por envolvimento? Quais seriam as outras esferas alhures? Ou não haveria outras? Será que ele também acredita na existência de um "mundo psicanalítico"? Para dizer a verdade, essas questões nem se colocam, de tal modo semelhante afirmação "esférica", girando em círculos, perdeu toda a seriedade. Duas páginas adiante, a "monstruosa dissociação entre a esfera do psicanalítico e a do cidadão[67]" é como que reto-

[65] O leitor desejoso de entrar mais nesse debate Freud/Charcot que é a história, não de uma influência, mas de uma separação, poderá se remeter a Jean Allouch, *Lettre pour Lettre*, Toulouse, Érès, 1984, capítulo "A histérica em suma" (publicado no Brasil com o título *Letra a Letra*, Rio de Janeiro, Cia. de Freud, 1996 (NT)).

[66] Sem dúvida, trata-se de uma retomada, não assinalada como tal, de uma nomeação de Derrida. Este, na sua intervenção de 1981, "Géopsychanalyse", por ocasião do encontro franco-latino-americano, já falava da "[...] dissociação absoluta entre a esfera do psicanalítico e a do cidadão [...]" (cf. nossa discussão desse texto aqui mesmo, cap. "Enlaces", item terceiro).

[67] Logo se verificará que R. Major retoma mais uma vez um enunciado de Derrida sem pô-lo entre aspas, substituindo, no caso, "absoluta" por "monstruosa".

mada "entre o inconsciente *do* coletivo e o inconsciente da instituição". Tais entidades existem, então? Seriam elas também, como a analítica, esféricas?

Um dos objetivos desses amálgamas é dito ao final da carta com a qual R. Major pede sua demissão da IPA. Tratar-se-ia de acabar com a "clivagem do privado e do público em questões tão fundamentais quanto a tortura e os direitos do homem, questões oriundas do direito público, [...]". Sabendo-se que não se cessa de massacrar, de torturar e de deixar morrer de fome no mundo inteiro, bastaria deixar a IPA para não ser mais, como aqueles que vivem em escandalosa opulência no Ocidente e que não estão em absoluto anestesiados a esse respeito, dilacerado, clivado?

Para dizer a verdade, R. Major faz outra coisa. Ele tenta se apoderar da análise freudiana para fazer dela uma componente do amálgama derridiano em que muitos parecem prontos a crer, de tal modo parece imperativo que a análise se torne hoje, enfim, uma *Weltanschauung*. Não, Bernhardt Kamm e John F. Rittmeister dizem não ao nazismo, não "salvaram", "em Berlim, a honra da psicanálise[68]", não mais que um Cavaillès salvou, na França, a honra das matemáticas. Para dizer a verdade, seria preciso recolher o testemunho de cada um destes para saber precisamente que honra salvou, se é que, aliás, ele quis salvar uma honra qualquer e não, mais simplesmente, opor-se em ato ao nazismo. Usar de palavras grandiosas, como nos discursos de subprefeitos, nem mesmo torna as coisas evidentes por si. Que nos lembremos, ao menos, da anedota, que vem na linha direta da sagacidade cirúr-

[68] Sem dúvida, este é um problema para o próprio Major que, ao declarar isso (H. Besserman Vianna, op. cit., p.264), afrancesa Bernhardt em Bernard.

gica de um especialista em discursos de subprefeitos, um certo Flaubert, que dizia, muito simplesmente, "as honras desonram". A honra não é uma coisa tão monolítica quanto se pretende quando se faz dela um bem, uma virtude: pode-se recusar um Nobel por acreditar demais nele, aceitar um prêmio justamente porque ele des-honra aquilo que, do contrário, seria, como se diz, "demasiada honra". Hoje, na França, a coisa é bem conhecida: as pessoas que misturavam as esferas e davam lições éticas, como Sartre, mostraram-se muito mais complacentes para com os ocupantes do solo francês durante a Segunda Guerra Mundial, enquanto aqueles que distinguiam sua função de sábio daquela de cidadão, como Cavaillès, souberam assumir suas responsabilidades de cidadania, prontos a abandonar seus trabalhos de sábios, ou a retomá-los na prisão.

Assim, chega-se a imputar ao psicanalista uma responsabilidade que ultrapassa todas as medidas; em outras palavras, a tirar-lhe a sua responsabilidade. Pois, a não ser que se seja Deus (e ainda assim, com certeza, não é tão fácil atribuir ao Criador a invenção, a responsabilidade pelo pecado, horror para a ortodoxia), só existe responsabilidade parcial, local, circunstancial. R. Major:

> Não duvido de que os avanços da psicanálise deveriam promover um novo discurso ético sobre a ética em geral, médica ou outra, um outro discurso que integrasse a verdade da psicanálise e que fosse um discurso como ato ético-político[69].

Afora essa confusão mental que seria "um discurso ético sobre a ética" (uma meta-ética[70]?), não podemos deixar, aqui, de

[69] H. Besserman Vianna, op. cit., p.9.
[70] "[...] um outro discurso ético sobre a ética, [...]", a fórmula, mais uma vez, é uma expressão de "Géopsychanalyse" de Derrida, não citado como tal.

nos interrogar: o que é que semelhante afirmação deve a Jacques Lacan, nem que seja a uma leitura apressada do seminário *A Ética da Psicanálise*? Lacan acreditou poder fazer-se o vetor de uma "ética da psicanálise" ali onde Freud, deliberadamente, não se questionava já que, segundo ele, a ética da psicanálise só poderia ser a da ciência e a ética de seus pacientes deveria permanecer a deles, visto que ele não iria, certamente, lhes impor a sua. Aqui já se pode avaliar o quanto se distancia, hoje, de tal delicadeza. Lacan, assim, destrancou uma porta que muitos, daqui por diante, deixam entreaberta ao atravessá-la. A julgar por suas conseqüências atuais — e como não fazê-lo? — Lacan teria cometido aí uma grande besteira. Qual, exatamente? Ele teria acreditado poder afirmar que "o psicanalista não cede sobre seu desejo" sem que essa asserção, local, circunstancial, válida somente no que diz respeito ao ato psicanalítico, logo, somente no registro de uma operação do método analítico, fosse retomada de outra maneira, alhures, transformada em consignas comportamentais, em lições dadas a todos em nome de uma psicanálise etificante (edificante, bestificante, etificadora). Lacan terá subestimado, na ausência de ética partilhada, a sede de moralidade que caracteriza a modernidade no Ocidente, negligenciado a astúcia da razão que põe os mais nobres ideais a serviço do gozo cruel do supereu. Como, em seu tempo, a derrapagem constituída por *Le verbier de l'homme aux loups*, que Lacan admitia publicamente ter ocorrido a partir do seu próprio trilhamento[71], a posição encarnada por R. Major,

[71] Derrida vai replicar a essa réplica (seminário *l'Insu que sait de l'unebévue s'aile à mourre)* sublinhando uma rata de Lacan. Cf. "Pour l'amour de Lacan" in *Lacan avec les philosophes*, op. cit., p.418-419. Respondendo a Lacan, que o havia imaginado em análise (!) com um par de analistas (!!) dos quais um, na época, já havia morrido

Pro Etica, H. Besserman Vianna, etc., parece-nos hoje, pois, exemplar de um outro deslizamento a que Lacan não foi estranho e que decerto não concerne apenas aos membros da IPA. Assim, alguns entendem conjugar o que no entanto não se conjuga, nem pelo lado nominativo ("Eu não cedo sobre seu desejo", "Tu não cedes sobre seu desejo", etc.), nem pelo lado acusativo ("O psicanalista não cede sobre meu desejo", "O psicanalista não cede sobre teu desejo", etc.) da fórmula, nem ainda pelos dois lados ao mesmo tempo ("Eu não cedo sobre meu — teu, seu, nosso, vosso, seu — desejo", "Tu não cedes sobre meu — teu, seu, nosso, vosso, seu — desejo", etc.).

R. Major tem mesmo uma pequena dúvida:

> É verdade que uma responsabilidade que leve em conta o inconsciente dificilmente pode se regrar sob as formas freqüentemente demasiado convencionais daquilo que se chama, geralmente, a ética[72].

Mas, trégua na hesitação, toma-se um partido, como testemunha o texto que vem logo em seguida, onde se lerá também, já

(!!!), Derrida escreve: "O fato de que eu jamais tenha estado em análise, no sentido institucional da situação analítica, não me impede de estar aqui e ali, de maneira pouco computável, analisando ou analista nas minhas horas e à minha maneira. Como todo mundo". Esta frase assinala o fato de que a abusiva extensão da psicanálise, que lemos abertamente em R. Major e onde a psicanálise perde toda a especificidade, já está claramente presente em Derrida. Não, não se é analista "aqui ou ali", antes aqui e não ali (não na casa do analisando, por exemplo, habitualmente, caso em que o analisando pode tirar a chave do bolso para abrir a porta do consultório de seu analista); sim, é-se analista de maneira computável (Lacan dizia: o analista "encaixa", mas também, paralelamente: ele tem que dar conta de sua prática no tribunal da razão); não, não se é analista "nas minhas horas", frase que faz como se a reiteração das sessões, seu começo e seu fim não contassem, e frase que afirma também, de modo selvagem e errado, que a hora da análise é aquela do analista. Resta o "minha maneira", verdadeiro e falso ao mesmo tempo, verdadeiro na vertente "profissão delirante" da psicanálise, mencionada por Lacan desde sua tese, falso na medida em que esta individuação negligencia o fato da escola.

[72] H. Besserman Vianna, op. cit., p.9.

que ali está oferecido a céu aberto este imperialismo dos analistas, que só pode, a longo prazo, e se isso já não se deu, ridicularizá-los:

> Quem, melhor que o psicanalista, é capaz de poder e de dever responder por aquilo que determina inconscientemente seus atos, e de responder por sua inscrição numa história onde a singularidade do nome próprio que o designa é indissociável da pluralidade que esse mesmo nome recobre numa linhagem[73]?

Quem? Ora, muita gente, e com certeza não apenas intelectuais. Que analista, quando se trata de responder por seus atos e inscrição na história, ousaria dar lições a um Salman Rushdie? A um Pierre Bergounioux? O que é esse estúpido crédito de um poder e de um dever responder "melhor" atribuído ao psicanalista? Seria o fato de que somente ele, entre todos, teria uma relação melhor com o inconsciente? Mas, se isso fosse correto, não seria preciso dizê-lo! Pois, a partir do momento em que é proclamada, essa pretensão exige uma dupla resposta. A primeira em forma de manifestação de rua, tendo como palavra de ordem, repetidamente: "Queremos provas! Queremos provas!". A segunda, uma só palavra, tirada do *Ecclesiastes*: vaidade. Freud, quanto a si, não atribuía tanto ao psicanalista, como vemos nessa declaração a Putnam:

> Fico sempre espantado com as baixezas dos homens, mesmo os analistas; mas por que os homens e mulheres analisados deveriam ser melhores? [...] Penso que seja pedir demais da análise querer que ela realize os mais caros ideais de cada um[74].

---

[73] Ibid., p.23.

[74] Sigmund Freud, carta a Putnam nº 91, *L'introduction de la psychanalyse aux États-Unis*, op. cit., p.218.

Indo aos antípodas dessa opinião freudiana, o texto de R. Major prossegue assim:

> Longe de dissolver a responsabilidade, como se acredita muitas vezes, a integração da realidade do inconsciente [*o inconsciente é, pois, integrável?*] — isto é, do lugar onde nada permite distinguir o virtual do atual — só faz ampliar sua extensão e aumentar a profundidade.

H. Besserman Vianna diz essa extensão da responsabilidade sem contorções inúteis:

> A psicanálise ampliou o campo da responsabilidade. Já é tempo para que as instituições psicanalíticas constatem isso e elaborem suas conseqüências. Cada um deve poder responder pelo que determina inconscientemente seus atos e pela maneira como se inscreve na história que o fabrica.[75]

Com esse dedo superegoicamente em riste do "já é tempo", o tempo do Psicanalista-Comendador teria chegado? Mas que filha lhe terá sido arrebatada? E por que Don Juan? Como o comendador na sua *père-version*, o psicanalista deverá daqui por diante elidir o fato de que essa jovem contribuiu largamente para sua própria sedução? Seja como for, estamos prevenidos! Longe de nos aliviar, longe de nos liberar desse fardo de responsabilidades que a doença mental aumenta[76], essa psicanálise, então,

---

[75] H. Besserman Vianna, op. cit., p.253-254.

[76] E cresce em tão grandes proporções que um Benedetti pôde notar que a última instância a ser mantida eficiente na esquizofrenia era o supereu. Cf. Gaetano Benedetti, *La mort dans l'âme, Psychothérapie de la schizophrénie: existence et transfert*, prefácio de Jean-Max Gaudillière, tradução do italiano por Patrick Fougeras em colaboração com Danièle Fougeras, Toulouse, Érès, 1995, p.63: "[...] a consciência individual do paciente busca se salvar refugiando-se completamente no interior dessa estrutura superegóica, *a qual parece mais resistente ao processo de dissolução do que o eu do paciente*" (o grifo é de Benedetti).

torna cada um ainda mais responsável, tanto em extensão quanto em compreensão. Lapsos, atos falhos, sintomas, sonhos, inibições, transferências, atuações, passagens ao ato, escolha da neurose *and so on* são o feito de indivíduos res/pon/sáveis. Que não nos venham declarar que o inconsciente é "discurso do Outro", nem que se trata de "processos" que ocorrem à revelia da consciência ou do eu. Pelo andar da carruagem, tais afirmações, assinadas por Lacan ou por Freud, em breve serão consideradas... irresponsáveis.

Assim, pode-se observar doravante, nas declarações de um bom número de grupos lacanianos, como as afirmações de Lacan foram retomadas por sua própria conta por um *Kulturüberich*, um supereu cultural, dizia Freud, mas nem por isso menos tirânico. Um só exemplo: a *Escuela freudiana del Ecuador,* depois de haver escrito boas e belas coisas lacanianas, do gênero *"Freud establece una ruptura com la clinica anterior"* (Freud rompe com a clínica anterior a ele), uma *"clinica de la palabra"* (uma clínica da palavra), ou ainda, que não existe concessionário com exclusividade da descoberta freudiana, declara por escrito:

> *La herencia* [hereditariedade, herança, sucessão] *connota la grave* (ah! esse grave! basta um adjetivo para afastar o *gai savoir!*) *responsabilidad para cada uno de dar cuenta de su proprio descubrimiento. El descubrimiento es la peste y el legado* [o legado, mas também o embaixador] *es una peste. Quien quiera infectarse tiene que asumir su deseo y la responsabilidad que ello implique.*

A virada superegóica já se encontra aqui claramente engajada. Cada um tem a "grave responsabilidade" de "dar conta da sua descoberta". De alguma coisa que era da ordem da constatação, Freud, Lacan, Klein, etc., dando efetivamente conta, como podiam, de suas descobertas, passou-se a alguma coisa da ordem da prescrição: cada um deve assumir seu desejo e a responsabilidade que este implica. Mas a continuação é, se ousamos dizer, ainda mais clara, no sentido em que o aspecto coletivo desse moralismo digno do *Pro Etica* é dito, preto no branco:

> *La Escuela freudiana del Ecuador se funda para dar lugar a quien quiera asumir ese deseo. Desde su fundación, EFE ha trabajado intentando sostener el deseo de cada uno y dando cuenta de ello a travès su trabajo. La responsabilidad por el legado de Freud obliga a commemorar, porque commemoración es recordar al modo de Freud. Una escuela para el psicoanálisis está condenada a conmemorar todo el tiempo rindiendo el testimonio de su trabajo.*

Não vamos traduzir, poupando assim, tanto quanto possível, ao leitor que não leia espanhol ter que lidar, mais uma vez, com esse supereu que estende seu domínio à psicanálise, e poupando a nós mesmos de nos fazermos seu mensageiro, ainda que para descartá-lo.

Retorno ao relato

Tendo operado a intervenção de Stein, devolveram-me a palavra, a sala estando então disposta a escutar a questão levantada, com um nível de rejeição *a priori* sensivelmente diminuído.

> Como se soube, repetia eu, que o torturador era um psicanalista, que se tratava de um "psicanalista torturador"?

Para uma parte do público, a questão era, no duplo sentido do termo, inaudita. Mas decerto que se tratava de um psicanalista! Este Amílcar Lobo não havia sido admitido regularmente em didática? Não estava ele oficialmente inscrito na lista de uma sociedade filiada à IPA como "analista em formação"? Não prosseguia ele sua análise didática com um didata patenteado dessa sociedade? A evidência está ali, transcrita por É. Roudinesco em seu artigo do *Monde*: "Todos os atores do relato são psicanalistas freudianos." Mas se todos são psicanalistas, onde, então, estarão os analisandos?

Não exatamente uma paranóia

De parte a parte, com efeito, toda a história transpira essa evidência: se certas condições, principalmente institucionais, estão satisfeitas, *é-se* psicanalista. E se o é permanentemente, faça-se o que se fizer, não importa o quê. E reciprocamente: o que quer que se faça é analítico, pelo simples fato de que se é analista. Aplicação desse duplo axioma: A. Lobo sendo torturador e A. Lobo sendo psicanalista, A. Lobo é um psicanalista torturador.

Trata-se de uma problematização que não carece de coerência e cujo caráter viciado não aparece de imediato. Com efeito, não intervém a analiticidade como tal, isto é, a distinção. Freud recorreu com freqüência à metáfora química para pensar a analicidade, em outras palavras, à divisão em elementos[77], condição necessária para distinguir qual deles intervém e qual não intervém em tal fato observado. Há, aqui, axioma, porque somente um axioma pode assegurar que o elemento "ser analista" intervenha no que quer que seja que o indivíduo assim qualificado faça. Vamos demonstrar que o resultado disso é, realmente, a exclusão da analicidade.

Seja um conjunto de qualidades atribuídas a um indivíduo (A, B, C... n, etc.). Seja também um conjunto de ações cometidas por esse indivíduo (f, g, h... n, etc.). Coloca-se, axiomaticamente, que a toda ação está ligada uma qualidade qualquer, e a toda qualidade uma ação. Seja, então, por exemplo, um indivíduo calvo (A), alto (B), casado (C), etc., a quem acontece escorregar

[77] Um fato que não deixa de ser instrutivo para objetar à doutrina da partição indefinida da letra: o próprio termo é fabricado, por transliteração, a partir da sucessão alfabética (e grandemente arbitrária) das letras L, M, N.

numa casca de banana (f), encontrar um chaveiro na rua (g), esquecer seu guarda-chuva ao sair de casa (h), etc. O axioma vai permitir afirmar ao mesmo tempo que ele escorregou na casca de banana enquanto calvo (f-A), ou enquanto alto (f-B), ou enquanto casado (f-C), etc.; e o mesmo se dá para "encontrar um chaveiro" (g-A, g-B, g-C, etc.), "esquecer seu guarda-chuva" (h-A, h-B, h-C, etc.), etc. As recíprocas são todas igualmente verdadeiras: (A-f, A-g, A-h, etc.), (B-f, B-g, B-h, etc.), etc.

Ora, aplicado estritamente, ou seja, normalmente, esse axioma suprime todo "jogo" entre signos de qualidades e atos. Seja um ato sintomático, ou um sonho: o axioma anula o fato de que é tal significante que intervém, *e não tal outro*. Se, com efeito, todos estão igualmente ali, todos igualmente conectados ao ato, nenhum deles pode jamais estar ali, já que só poderia estar ali enquanto diferente dos outros.

Para dizer mais exatamente, não se pode mais tratar de significante no sentido de Lacan, mas apenas de representantes. O axioma anula o próprio conceito de S_1 forjado por Lacan. Só há estados (o que é coerente com o onipresente "ser analista", que seria melhor chamar de um ovnipresente), não há intervenção de um significante na medida em que uma tal intervenção, pontual, relacionando um S_1 com um S_2, faz acontecimento. Vai-se verificar, ao ler a obra de H. Besserman Vianna, que jamais se trata de outra coisa além de índices representativos[78]. E, ao mesmo tempo, não mais sujeitos, apenas indivíduos, aos quais são ligadas qualidades e ações.

"A todo ato se associa uma qualidade qualquer, a toda qualidade um ato qualquer", estritamente aplicado, esse axioma tor-

[78] E compreende-se por que o assunto da perícia grafológica foi tão destacado, quando o técnico havia realmente identificado a escrita que lhe fora submetida; se o signo funciona, aonde vamos parar?

na impossível de se efetuar a mínima parcela de análise, quando mais não seja porque essa aplicação excluiria que fosse proferida a menor palavra ou realizado o menor ato. Como seria possível um ato que engajasse o conjunto de qualidades de um indivíduo? Uma fala possível que engajasse o conjunto de seus atos? Rematada loucura.

Na prática, as coisas se passam, com certeza, de outro modo, diverso do bloqueio axiomaticamente regrado que acabamos de dizer. Como? Pois bem, já que existe esse axioma bloqueador, será realmente preciso desbloquear*. Como? De uma maneira tal que, no Rio de Janeiro, o presidente do Conselho Regional de Medicina pôde declarar, não faz muito tempo, em 15 de julho de 1992:

> Num Estado ditatorial, a Sociedade Psicanalítica do Rio de Janeiro, cujo regimento interno é megalomaníaco, transformou-se num espaço paranóico agindo sobre o corpo social[79].

Sem fazer nossa essa declaração, vamos ao menos constatar que o funcionamento dessa Sociedade foi tal que não a deixa fora de cogitação. Há paranóia quando um dado concernente ao sujeito é colocado inicialmente como uma certeza no lugar do Outro. O sujeito dito paranóico não "se toma por... " digamos... Joana D'Arc, referência a um caso de Sérieux e Capgras, mas, como testemunham esses autores, "é tomado por... ". É isso, também, o que diz a anedota a que daríamos, de bom grado, o título de fábula, a do doente, seu psiquiatra, a galinha e o grão de trigo.

As figuras em jogo na identificação de A. Lobo como psicanalista torturador são as mesmas, o que é, com efeito, exigível ao

* No original, *qu'on dé-bloque*, fazendo um jogo de palavras com a expressão *débloquer*, que tem o sentido de delirar. (NT)

[79] H. Besserman Vianna, op. cit., p. 158.

se tratar de um fato de estrutura; mas o jogo é diferente. Seja, pois, para esclarecer por um outro contra-exemplo a gama dessas diferentes maneiras, a ficção seguinte. Admitamos que tenha ocorrido, por ocasião de um congresso da École freudienne, de eu me encontrar no banheiro ao lado de Lacan que está se penteando, na mesma época em que eu freqüentava seu consultório como analisando. No entanto, eu não diria: "Meu analista está se penteando". Para chegar a semelhante afirmação, que o axioma acima nos oferece como necessariamente verdadeira sem mais qualquer questão, teria sido necessário um acontecimento estabelecendo o laço analista/pentear-se, algo como um ato falho, um lapso, um sonho, etc., algo que, pelas vias literais do significante, me permitisse concluir, mas no só-depois, que com efeito eu vira meu analista pentear-se, pentear-se como analista, ou, mais exatamente, como objeto transferencial.

Que intervenção, e de que ordem, havia produzido o laço segundo o qual era o psicanalista (em formação) Amílcar Lobo que torturava? E não o médico? Ou o cidadão? Ou o militante fascista? etc... Para o médico, a coisa poderia ser considerada como estabelecida se se confirmasse que A. Lobo havia sido integrado enquanto médico na equipe de torturadores[80]. Mas, tratando-se do psicanalista? Parecia mesmo que não era na qualidade de psicanalista que ele havia sido instado a participar da tortura por sua hierarquia militar. E então?

No método analítico freudiano, o máximo é feito para que a explicitação de um tal tipo de laço ato-qualidade provenha

[80] De fato, historicamente, sua condenação pela ordem dos médicos foi muito mais fácil e rapidamente realizada que sua exclusão da sociedade de psicanalistas.

do lugar do analisando, que não é o indivíduo em análise e a quem, portanto, ocasionalmente, mas sempre de maneira regrada, o analista pode emprestar sua voz. Essa proveniência é essencial, mesmo que, depois de um certo percurso, o analisando seja levado a se dar conta e a testemunhar *in fine* que aquilo que ele articula vem do lugar do Outro ou, melhor ainda, de maneira que ele possa se aperceber dessa proveniência. Assim, nesse método freudiano, o analisando tem ainda, e ainda, e ainda, e ainda, e ainda a palavra. Ele, de sua parte, pode dizer da forma mais espontânea do mundo que foi como criança que abordou sexualmente tal mulher, que fez sexo oral com ela (pronto a enganar-se ou a enganar seu analista ao afirmar tal coisa). O analista, por sua vez, não pode formular um tal laço (amante-criança) a não ser de uma maneira excepcional e depois de ter recolhido do analisando um número suficiente de elementos que demonstrem e validem a asserção. Falar isso na cura, com tudo o que o falar implica de tentativa mais ou menos marcada de dizer o que é (o lógico diria: de atingir um objeto de referência), comporta uma essencial disparidade entre analista e analisando. O método freudiano respeita essa disparidade, que não é de outra ordem que aquela que faz com que um transexual não possa em caso algum aceitar ser de um outro sexo que não aquele que ele terá acabado por admitir e impor como sendo o seu, ou aquela que faz, reciprocamente, com que uma criança cujo sexo foi trocado artificialmente pela coalisão de sua família e dos médicos (existem casos repertoriados como tais[81]) não admita de modo al-

[81] O mais célebre dentre eles, John (um gêmeo), foi transformado em Joan na Faculdade de Medicina John Hopkins de Baltimore. Depois do mau resultado

gum essa transexualidade que lhe foi imposta a golpes de bisturi e de educação[82].

---

de uma circuncisão, os pais decidiram fazer dele uma menina, de tal modo parecia certo, na época (1963 e anos seguintes), que os bebês nasciam sexualmente neutros, sendo a identidade sexual uma questão de continuidade, e a maneira de educá-los o que faria com que fossem de um ou outro sexo. A publicação desse caso ajudou numerosos pediatras a orientar outros pais (dezenas deles) a fazer de seu menino lesado uma menina. Ora, John não se conformou com isso. Mas apenas hoje é que ficamos sabendo, depois que ele tornou a se fazer transformar em rapaz e é pai de duas crianças adotivas, do fracasso do empreendimento médico-parental (*Archives of Pediatric and Adolescent Medicine*, citado por Christine Gorman, "*A Boy Without a Penis*", no *Time* de 24 de março de 1997).

82 Mas por que a disparidade da fala e a disparidade sexual se originariam de uma mesma ordem? Porque apegar-se a S_1 é a única maneira de levar um sujeito a se realizar como não sendo identificável a nenhum. Tal é a conclusão tirada a cada vez em que surge uma ocorrência pela qual um sujeito é representado por um significante para outro significante: então, não era isso! O sujeito se desvanece, dizia Lacan em certa época, nesse S_2. A conclusão da ocorrência é que ele não está ali, ele não o é, que ele, então, não era isso. O que é ele então? Que é feito de si? O fato de que essa desidentificação simbólica, como talvez se possa chamá-la, que uma série de ocorrências do tipo que se acaba de dizer tenha efeitos sobre a economia libidinal de um sujeito, o que parece realmente atestado, mostra que o erotismo dá lugar a um "si" que não deixa de ter relação com aquele da desidentificação simbólica. Não foi por capricho que Michel Foucault intitulou suas últimas pesquisas históricas no domínio do sexual *Le souci de soi* (A preocupação de si). É justamente porque a sexualidade antiga, isto é, a sexualidade do mestre (um estatuto que não se modifica fundamentalmente com a mudança descrita por Quignard, entre a Grécia antiga e a Roma imperial, mesmo que essa mudança tenha sido crucial sob outros aspectos – Pascal Quignard, *Le sexe et l'effroi*, Paris, Gallimard, Folio, 1994) é precisamente colocada pelo mestre como aquilo que o põe em questão em si, até mesmo no seu "Seja!". Os mestres de Foucault dão testemunho disso: na sexualidade, pelo menos quando se é mestre, não se é mais si. É por isso que os mestres antigos evitavam a sexualidade tanto quanto podiam, fazendo com suas mulheres apenas o necessário para a reprodução. Há, pois, convergência: não se é si no simbólico, já que nenhum significante (por exemplo, "homem" ou "mulher", mas para dizer a verdade, tomados assim eles são signos) poderia ser uma marca justa, definitiva e essencial desse si; e, na sexualidade, é-se justamente conduzido, impulsionado, mais exatamente, a não ser si (o que é verdadeiro sob diversos aspectos, não somente da maneira mais radical, aquela que manifesta a incompatibilidade entre a foda e a mestria no sentido antigo deste termo). Há, pois, aí, uma colusão, aquela precisamente que é descartada pela fórmula lacaniana que, sem esta colusão, nem precisaria ser dita: "Não há relação (= simbólica) sexual (= erótica)."

Ora, bem parecia aqui que o julgamento segundo o qual era o psicanalista A. Lobo que torturava não viesse dele mesmo, mas de seus detratores. Como haviam eles estabelecido esse laço? O que o validava? Tal era a questão que eu tentava expor. Não a estava inventando inteiramente. A prova disso é a seguinte: na frase abaixo, assinada por H. Besserman Vianna, essa questão se vê bem presente, mas como que condensada num advérbio, o advérbio "igualmente":

> As sociedades psicanalíticas do Rio de Janeiro e a IPA, com efeito, mantiveram um silêncio mistificador durante quase uma década sobre a existência de um analista em formação praticando *igualmente* a tortura de prisioneiros políticos (p.39 da obra – o grifo é meu).

Esse advérbio é maravilhosamente ambíguo, "maravilhosamente"... quando se trata de escamotear o problema que eu gostaria de expor. Deve-se ler, como é possível, que ao lado de seu estatuto de psicanalista em formação, A. Lobo praticava de certa forma, "além disso", a tortura? Então, o "igualmente" se lê "também". Ou será que ele praticava "igualmente" a psicanálise e a tortura, e portanto era torturador ao praticar a análise e analista ao praticar a tortura? Desde já, a frase citada, por sua menção de uma "prática" da tortura (expressão pouco usada: "pratica-se a análise" se condensa facilmente em "analisa-se", ao passo que "tortura-se" não é pensado espontaneamente como condensação de "pratica-se a tortura"), sugere que é sem dúvida dessa segunda maneira que se é convidado a ler a declaração.

Mas quem, então, havia formulado esse "igualmente" assim entendido? Quem, pois, o sustentava? E em que bases, já que seria difícil admitir que A. Lobo fosse dito psicanalista torturador baseado apenas no fato de que seu nome figurava na lista dos psicanalistas em formação de uma sociedade habilitada pela IPA?

Essa questão insistente se originava de um certo deslocamento, operado por Lacan, entre indivíduo e sujeito, entre signo e significante[83]. Segue-se que *uma qualidade jamais identifica um sujeito*, tampouco a de analista. Segundo Lacan, só há analista no "ato analítico" (título do seminário 1967-1968). Assim, essa redução do ser analista[84], essa recusa de que tal fosse o estado permanente de alguns, essa constatação de que ninguém poderia se estabelecer nem ser estabelecido psicanalista, tudo isso implica que não se pode esvaziar a questão de saber de onde e com que base

[83] Terá sido necessária, então, para que ela fosse explicitamente formulada, a intervenção de um "lacaniano", como se a IPA e seus contestatários reunidos fossem obrigados a permanecer cegos quanto a este ponto.

[84] Redução radical na medida em que, mesmo no ato, mesmo nesse fim de partida onde o parceiro do analisando seria produzido como analista, é excluído falar-se num "ser analista" a não ser sob uma forma negativizada. Tal é a importância do "des-ser" lacaniano, a que responde, pelo lado do analisando, uma subjetivação também pensada negativamente, uma "destituição subjetiva". Essa problemática, desenvolvida na "Proposição de outubro de 1967 sobre o psicanalista da escola" e nos seminários "A Lógica do Fantasma" e "O Ato Psicanalítico", apóia-se principalmente na interpretação lacaniana e lógica do *cogito*. Uma aplicação simples das leis de Morgan permite, com efeito, escrever "Penso, logo sou" negativamente: "Ou eu não penso, ou eu não sou". No lugar da função analista, por pouco que se considere a instância da letra no inconsciente como sendo a de uma entidade indivisível, que assim não falte nenhuma, é convocada alguma coisa que não é nem o ser nem o nada, mas um modo positivo do ser que no entanto só se produz, só se faz produto quando marcado por um "não sê-lo". Uma nota de Jean-Claude Milner nos convida a tentar uma aproximação desse des-ser com "o nome positivo do ser: *to den*" em Demócrito (ele também regrado pela indivisibilidade), "obtido pela cisão do negativo *mèden*, nada" (*Le triple du plaisir*, Lagrasse, Verdier, 1997, p.35). E este próprio *den* nos remete a Lacan: "Eu gostaria de evocar aqui a fórmula de Freud do *Soll Ich Werden (...) Werden*, o que quer dizer isso? Ele vai em direção a algo. Este algo, será o *den*? O *Werden*, será um verdejar? O que há no *advir* alemão?" (Jacques Lacan, "Conferência em Genebra sobre o sintoma", *Le Bloc-notes de la psychanalyse*, nº 5, 1995). Essa mesma obra de J.-C. Milner comporta as linhas seguintes, consagradas à indivisibilidade da letra: "[...] antes que se houvesse podido reconhecer alguma das qualidades pelas quais uma letra não é uma outra, só se poderia guar-

se forjou o laço do psicanalista A. Lobo e do torturador A. Lobo — esse laço dito pela fórmula "psicanalista torturador" e que produzia as *démarches* junto à IPA.

Essa mesma distância que me tornava capaz de poder formular essa questão era reencontrada no nível institucional. Se é verdade que, tendo pensado "psicanalista torturador", alguém pudesse logo se voltar para a sociedade onde A. Lobo estava devidamente registrado como analista em formação, que esse alguém pudesse crer confirmada, pela inscrição do nome de A. Lobo nessa lista, a qualidade de analista de A. Lobo, semelhante procedimento — eu o observei um pouco estupefato de somente hoje poder avaliar semelhante distanciamento — teria sido absolutamente infrutífero na École freudienne de Paris, isso desde o ano de 1964, o de sua fundação. Pela simples razão de que não havia, nessa escola, uma lista de analistas em formação. Nem analista em formação nem admissão a sê-lo, por comissão *ad hoc* para a formação. Como, aliás, poderiam os comissionados, depois de ter visto um candidato no máximo durante algumas entrevistas, saber se ele daria ou não um bom psicanalista? Esses didatas se prestam a um jogo que

---

dar para a letra enquanto tal uma qualidade mínima negativa: a indivisibilidade (metade de uma letra não é nada, a menos que seja instituída em nova letra, como aconteceu com o H [*aqui, Milner nos remete em nota ao espírito rude dos gregos*] obtido a partir da parte esquerda da letra H cindida em duas)." Lacan, respondendo antecipadamente a uma objeção idêntica à que lhe será feita por Derrida (seminário de 20 de março de 1957, logo depois da publicação da leitura lacaniana da "Carta Roubada") a propósito de um certo β, diferente ou não de um β', tomava igualmente o partido da indivisibilidade da letra que, para dizer a verdade, é aquilo sem o que simplesmente não haveria escrita possível (J. Allouch, *Lettre pour lettre*, Toulouse, Érès, 1984, p.260-265). Que lingüista escreverá, enfim, uma história das letras, desde sua origem fenícia até o alfabeto contemporâneo?

é de semblante, que é um forçamento[85] pelo qual se instauram indevidamente, também aqui, no ponto de partida de cada análise, como sabedores.

Toda uma série de manobras ou de decisões que são expostas ao longo das páginas de H. Besserman Vianna como se fossem evidentes por si, pensava eu, não seriam simplesmente cogitáveis no quadro da École freudienne de Paris, como aliás tampouco o são hoje na École lacanienne de psychanalyse e em certos grupos ditos "lacanianos". Numa sociedade da IPA, a partir do momento em que alguém é admitido em didática, e depois em supervisão, e depois como membro, e depois de tal nível hierárquico, a sociedade que procedeu a essa admissão, e depois a essas promoções, está a par do que se passa entre o analisando e seu psicanalista. *A partida se joga a três*: sociedade psicanalítica, analisando, didata. H. Besserman Vianna conta numerosos fatos que assinalam esse funcionamento de grupo interferindo com o desenvolvimento do que se chama "processo analítico", sem dúvida para sugerir que o dito "processo" se produz realmente entre analisando e analista, fora mesmo dessas intervenções do grupo, o que é uma ilusão, se não uma mentira. Assim:

— Em 9 de abril de 1965 o Conselho Diretor da SBPRJ escreve a cinco analisandos do professor Décio Soares de Souza infor-

---

[85] O problema foi finalmente abordado, se não tratado, na IPA parisiense, quase dez anos depois, no momento em que A. Green foi eleito diretor do Instituto de Psicanálise, sendo R. Major secretário. É. Roudinesco define como "verdadeiramente delirantes" os novos estatutos que eles propuseram: sem dúvida, são apenas sintomáticos no sentido de um compromisso, como tal inviável, com o princípio da lista dos didatas na qual não se toca (Elisabeth Roudinesco, *La bataille de cent ans, Histoire de la psychanalyse en France*, T. 2, Paris, Seuil, 1986, p.592-593).

mando-os de sua "eliminação" da sociedade[86]. Sabia-se, pois, ao mesmo tempo que seus nomes, que ele recebia naquele momento cada um desses cinco analisandos? Mas sabe-se o que se está fazendo quando se intervém assim numa análise, em cinco análises ao mesmo tempo? Sem dúvida que não.

— Em 27 de junho de 1974, L. Cabernite comunica à Comissão de Ensino que A. Lobo, de acordo com ele, decidiu interromper sua didática. Pouco tempo depois (13 de agosto de 1975), essa mesma comissão decide que A. Lobo, reintegrado como aluno, deve recomeçar sua didática[87]. Quem, então, decide a retomada dessa análise? A. Lobo? L. Cabernite? A comissão? Seja como for, não é o sintoma!

— Em 2 de outubro de 1980, A. Lobo é riscado da lista da sociedade, "[...] não por sua participação numa equipe de tortura, mas em razão "de um impasse na sua análise pessoal conduzindo à suspensão da sua formação"[88]". De onde se sabe, na sociedade, que há esse impasse? E supondo-se, como nos sugerem, que a invocação desse impasse seja um pretexto servindo para encobrir o verdadeiro motivo dessa exclusão, quem avalia o efeito de se fazer circular semelhante versão sobre essa análise? Sem dúvida, ninguém.

É muita selvageria analítica, para uma associação, a IPA, que se supõe lutar contra a análise selvagem!

---

[86] H. Besserman Vianna, op. cit., p.48.
[87] Ibid., p.70-71, 230.
[88] Ibid., p.20.

Uma identificação... deslocada

Quando e como A. Lobo havia sido identificado como psicanalista torturador? Nesse sentido, o livro de H. Besserman Vianna nos reserva uma surpresa. Não que haja a menor dúvida quanto à participação de A. Lobo nas torturas. O fato está estabelecido, tanto quanto um fato possa sê-lo, e o próprio A. Lobo terá contribuído para esse estabelecimento[89].

A surpresa é outra. Ela se liga a um problema de identificação, mas... que não é o que se espera. Durante todo o tempo de leitura do livro, uma questão se coloca explicitamente, não apenas para o leitor, mas para bom número de protagonistas dos fatos e gestos que nos são relatados. A resposta é dada praticamente ao final da leitura (p.227). Trata-se da seguinte questão: "Quem é, pois, a pessoa que terá informado que A. Lobo havia sido iden-

[89] Vamos recapitular, seguindo um fio cronológico (entre parênteses, os números das páginas do livro de H. Besserman Vianna de onde foram extraídas essas informações que a obra não teve o cuidado de agrupar): (55, 131) agosto de 1973, denúncia de A. Lobo na *Voz Operária*; (33) 1973, publicação do artigo da *Voz Operária* em *Cuestionamos*; (70) 26 de junho de 1974, A. Lobo pede uma suspensão temporária da formação; (70) 4 de março de 1975, A. Lobo pede a anulação da dita suspensão; (71) 13 de agosto de 1975, A. Lobo é reintegrado ao Instituto e solicitado a recomeçar sua didática; (108) 24 de setembro de 1980, por ocasião de uma mesa-redonda sobre "Psicanálise e Fascismo", Rômulo Noronha de Albuquerque, antigo prisioneiro político, afirma ter visto A. Lobo na equipe de torturadores; (20, 111, 164) 2 de outubro de 1980, A. Lobo é riscado da lista da Sociedade; (114) fevereiro de 1981, A. Lobo é reconhecido em seu consultório por antigos prisioneiros políticos; (120) 1º de junho de 1981, a Ordem dos Advogados do Brasil envia às duas sociedades psicanalíticas um documento oficial incluindo testemunhos (quatro pessoas) da participação de A. Lobo nas torturas; (126, 154) 29 de agosto de 1986, A. Lobo declara ter visto, em 1971, um deputado, Rubens Paiva, torturado até a morte; (7, 126, 283) 3 e 14 de setembro de 1986, a imprensa brasileira fala das torturas, tratando em especial de A. Lobo. Este declara que Cabernite estava a par; (147) outubro de 1986, a SPRJ escuta diretamente o testemunho de pessoas torturadas por A. Lobo; (155) 9 de março de 1988, A. Lobo é proibido de exercer a medicina.

CUESTIONAMOS

A revista Cuestionamos não era exatamente uma revista. O primeiro "número" era um livro, coletânea de artigos "questionadores", na confluência da crise argentina, uma crise da psicanálise instituída e da psiquiatria. Marie Langer era presidente da FAP, Federación argentina de psiquiatras, e nesse sentido há um pequeno detalhe significativo da efervescência do momento. A sigla FAP não podia ser utilizada sem precauções pelos membros da associação, era preciso, conforme convencionado, dar o nome completo por escrito: Federación argentina de psiquiatras. Com efeito, arriscava-se a haver confusão com uma outra FAP: Fuerzas Armadas Peronistas. A época era aquela, guerreira, de desaparecimentos, assassinatos e torturas.

As repercussões do livro estimularam a criação de uma nova série de textos, cuja publicação (novembro de 1973) se fez num volume chamado Cuestionamos 2. Daí a confusão com uma revista. Não houve número 3, vários dos colaboradores estando mortos, desaparecidos ou exilados.

Vamos encontrar adiante uma reprodução da capa de Cuestionamos 2 (não se deixará de notar o título da coleção: Esquerda freudiana), seu sumário, que dá uma certa noção do contexto do artigo diretamente implicado e aqui reproduzido: "Algo más sobre la tortura", assinado por Marie Langer & Armando Bauleo.

[Agradeço a Marcelo Pasternac, de quem recebi as informações e observações acima. Para uma melhor percepção do contexto, e análise de uma situação não muito diversa, vamos nos reportar a seu artigo "Freud et Lacan" de Althusser, un cuarto de siglo después", Artefacto nº 5, México, EPEELE, maio de 1995.]

tificado como psicanalista torturador?" Há um deslocamento, pois não nos perguntamos: "Quem identificou A. Lobo como psicanalista torturador?" Isso, simplesmente, não é abordado no livro, e foi necessária a reunião no hospital Sainte-Anne em 9 de fevereiro de 1997 para que a resposta a esta última pergunta — primeira, histórica e logicamente — fosse dita em público. Em contrapartida, não cessamos de nos perguntar: "Quem, então, teria declarado, ao jornal *Cuestionamos*, que essa identificação havia realmente ocorrido?" Em matéria de deslocamento, dificilmente se pode fazer melhor. Só esse deslocamento explica a paixão em torno da segunda identificação, e ao mesmo tempo a ignorância em que se manteve a primeira.

Consideremos o problema dessa segunda identificação na própria ordem em que, historicamente, nos foi apresentado. Houve, inicialmente, o anúncio da jornada de 9 de fevereiro de 1997, onde se podia ler um extrato do prefácio do livro, mas não assinado e nem assinalado como tal:

> Estamos em plena ditadura militar no Brasil. O jornal clandestino da Resistência, *Voz Operária*, publica a notícia segundo a qual um analista em formação numa das duas sociedades do Rio faz parte de uma equipe de tortura. Ele é nomeado, bem como seu analista. Essa informação é transmitida acompanhada de uma nota manuscrita à revista argentina *Cuestionamos*, dirigida pela muito séria psicanalista Marie Langer que, depois de ter resistido ao nacional-socialismo, deixou a Alemanha para se refugiar na Argentina e não cessou, desde então, de se opor corajosamente às ditaduras. Por *Cuestionamos*, a notícia circula através do mundo psicanalítico [...]

O "estamos" dramatiza a informação. Não se trata do passado, ainda que fosse, como canta o poeta, um passado ainda não

ARMANDO BAULEO
CARLOS BERTOLDO
MANUEL B. BRASLAVSKY
NESTOR A. BRAUNSTEIN
JUAN CARLOS DE BRASI
EMILCE DIO de BLEICHMAR
EMILIANO GALENDE
DIEGO GARCIA REINOSO
MARIE LANGER
MARCELO PASTERNAC
EDUARDO PAVLOVSKY
J. CARLOS PLA
BERTHOLD ROTSCHILD
JUAN CARLOS VOLNOVICH
FRIDA ZMUD
Compilación de MARIE LANGER

CUESTIONAMOS 2

PSICOANALISIS
INSTITUCIONAL
y PSICOANALISIS
SIN INSTITUCION

granica
editor

colección IZQUIERDA FREUDIANA

passado (aliás, a ocorrência não é precisamente datada), e nós, leitores, como o autor do texto, ali "estamos". Nota-se também a clara separação entre os bons e os maus. A "Resistência" com maiúscula, a "muito séria" e o "corajosamente" com referência a Marie Langer[90], tudo isso se opõe à ditadura, ao nacional-socialismo, valores que se deve saber serem marcados pelo mal.

Diz-se, de saída, que um analista faz parte de um grupo de tortura, sem que a questão que formulamos a esse propósito seja minimamente aflorada. Curiosamente, diz-se que ele é nomeado, mas... sem nomeá-lo! O leitor saberá, pois, que o autor do texto sabe o nome, mas não o fornece aqui. Por que instaurar de saída uma tal relação entre quem propõe essa jornada e quem é convidado a dela participar?

Como veremos, certas informações são inexatas (*Voz Operária* não nomeia nem a sociedade e nem o didata), o que causa perplexidade, em se tratando de um dizer do presidente de uma sociedade de história. Outras coisas são caladas, em especial que esse jornal da resistência era um jornal comunista, e que a pessoa incriminada efetuava um serviço militar.

> (...) Oficialmente todos [*i.e., os oficiais da IPA, cuja listagem poupamos ao nosso leitor*] ficam de acordo [...] para qualificar essa informação de *boato* [...] A nota manuscrita que transmitiu a informação será comparada por um grafólogo com as inscrições feitas num congresso [...] concluirá tratar-se, segundo todas as probabilidades, da autora do presente livro. A partir daí, Helena Besserman Vianna [...] será desig-

[90] Será preciso explicar que lemos, por ora, esse texto como um relato, incluindo, calculadamente ou não, efeitos narrativos sobre o leitor, abstendo-nos de qualquer julgamento sobre o caráter de conformidade ou não das afirmações com aquilo a que se chama a realidade?

INDICE

> nada como "caluniadora" pelos Conselhos das duas Sociedades do Rio, submetida às piores intimidações, exposta à vingança dos militares... [...].

Pouco tempo depois desse anúncio, quem fosse leitor do *Monde des livres* de 31 de janeiro de 1997 ficava ciente dos nomes ocultos na publicidade, e até mesmo (como veremos) nomes demais: o artigo indicava que o texto da *Voz Operária* mencionava os de W. Kemper (falso), de L. Cabernite (falso), o de A. Lobo e o nome da SPRJ (falso). Indicava também que o artigo da *Voz Operária* enviado a *Cuestionamos* era realmente anotado pela mão de H. Besserman Vianna, ao mesmo tempo em que nada dizia sobre o conteúdo do que fora assim escrito.

Se, em contrapartida, se passasse ao largo do artigo descuidadamente escrito por É. Roudinesco, os fatos, narrativamente, se apresentavam de maneira diferente. Continuavam difíceis de se estabelecer, já que, enquanto o livro de H. Besserman Vianna nos dá em anexo toda uma série de documentos de importância secundária, procura-se ali em vão a página da *Voz Operária* que comporta o artigo mencionado. Vamos seguir, então, as informações tais como nos são dadas no decorrer de uma leitura cursiva.

Página 33 — Depois da leitura do prefácio, encontramo-nos inicialmente diante do acontecimento assim formulado[91]:

> Em 1973, a revista psicanalítica argentina *Cuestionamos*, dirigida por Marie Langer, publicava uma nota retomada do jornal clandestino brasileiro *Voz Operária*, denunciando a colaboração de um psicanalista em formação na SPRJ (Sociedade Psicanalítica do Rio de Janeiro), Amílcar Lobo, com equipes de tortura. Ao fim de um dos artigos da revista,

[91] H. Besserman Vianna, op. cit., p.33.

> assinado por Marie Langer, encontrava-se o seguinte comentário: "Uma nota manuscrita, à margem do jornal, assinala que Amílcar Lobo Moreira é psicanalista em formação na SPRJ."

O mínimo que se pode dizer é que os fatos não estão claramente estabelecidos. Se, como se diz logo de saída, a nota do jornal clandestino denuncia "a colaboração de um psicanalista em formação na SPRJ [...] com equipes de tortura", por que seria necessária uma nota manuscrita à margem do jornal dizendo a mesma coisa?

Página 61 — Fica-se sabendo que a nota manuscrita era anônima, o que não era claramente dito no prefácio.

Página 66 — Outros esclarecimentos nos chegam, mas a serem tomados no condicional, pois o documento que os relata provém da diretoria da SPRJ. Diz-se que *Voz Operária* era um "órgão do Partido Comunista brasileiro" e que a nota manuscrita em letra de imprensa à margem de *Voz Operária* cita o didata, a sociedade e o *"roster"* da ABP[92]. Essa página traria, pois, ao mesmo tempo, alguns esclarecimentos suplementares e novas imprecisões. Os esclarecimentos iriam se referir à cor política de *Voz Operária*, ao nome do didata (não dito no prefácio), ao da sociedade e ao *roster*. As imprecisões incidiriam sobre: 1- o nome do didata, que o prefácio nos informava ser mencionado no artigo de *Voz Operária*, e que se diz agora ser mencionado no acréscimo manuscrito a este artigo, e 2- o nome da Sociedade, que se dizia,

---

[92] Deve-se traduzir como "a lista" da Associação Brasileira de Psicanálise (cf. p.271 para o valor das letras ABP)? Ou o "quadro de serviço"? Ou "o anuário"? Mas por que não se traduziu? E o que é essa ABP? Um grupamento cobrindo as duas sociedades psicanalíticas? Com que estatuto? Reconhecido, igualmente, pela IPA? Cada analista teria, assim, uma dupla inscrição na sua sociedade e na ABP?

MARIE LANGER
ARMANDO BAULEO

Algo más sobre tortura

Con este libro ya en prensa, nos llegó el diario clandestino *Voz Operaria* desde el Brasil. Se trata del número 102, de agosto de 1973.

En el artículo "Se identificó a algunos torturadores de Guanabara", el párrafo que reproducimos estaba subrayado.

TORTURADORES

Informações seguras identificaram o coronel Fiuza de Castro, filho do falecido marechal Fiuza de Castro, como um dos responsáveis pela tortura de presos políticos, em quartéis do Exército.

Outro oficial do Exército, da equipe de torturadores, é o tenente médico Amilcar Lobo Moreira. Esse oficial orienta os torturadores sobre a resistência física do preso político. E como psicoanalista é o responsável pelo o «acompanhamento» da saúde mental do torturado e da melhor maneira de arrancar confissões.

Acobertados pela farda do Exército e pela impunidade que o regime lhes dá, no momento, esses dois bandidos se especializaram em torturar presos políticos. O fascismo sempre gerou monstros deste tipo que deverão ser promovidos, se já não foram, em recompensa aos serviços prestados ao Exército e à Pátria.

Una nota al pie, escrita a mano, dice lo siguiente: "Amilcar Lobo Moreira es candidato de la Sociedad Psicoanalítica de Rio de Janeiro".

93

na página 33, figurar no artigo de *Voz Operária*, e que se diz agora figurar na nota manuscrita.

Página 76 — H. Besserman Vianna escreve que os membros do Conselho da SBPRJ "ocultavam a denúncia manuscrita de *Cuestionamos* (de meu próprio punho) [...]". Seria ela, pois, a autora da nota manuscrita, perguntamo-nos então? Mas o contexto não convida a ler que tal seja o caso, mas simplesmente que os membros do Conselho (depois de uma consultoria grafológica) pensavam ser este o caso. Ficamos assim tanto mais inclinados a optar por semelhante leitura na medida em que, algumas páginas adiante, o resultado do exame grafológico, que a designa como tendo escrito a nota, é apresentado, aliás não sem justiça, como uma acusação. Ora, devemos acabar compreendendo que, com efeito, houve acusação, e que essa acusação podia muito bem ser odiosa, mesmo dizendo a verdade do ponto de vista dos fatos; devemos acabar compreendendo que a acusada se queixava de ser acusada de algo que havia feito, que a acusada apontava com um dedo acusador aquele que havia identificado acertadamente a sua escrita. Ora, desse modo ficava implicitamente exposta a questão de saber por que ela havia escrito de modo anônimo. Uma resposta, decerto, é perfeitamente indicada: para escapar às garras da ditadura. Mas, se se trata de um ato político, por que ter escolhido um suporte psicanalítico (a revista *Cuestionamos*) para essa denúncia? Resposta: esse suporte se apresenta ele mesmo como uma "esquerda freudiana". Mas então é realmente pelo lado em que se constitui uma tal entidade que se fica comprometido na identificação de A. Lobo como psicanalista torturador. Visto, cada um deles, como amálgama, do ponto de vista

Hemos enviado esta denuncia a diferentes sociedades psicoanalíticas. Esperemos que se tomen las medidas correspondientes. ¿Qué más se puede decir frente a esta denuncia? ¿Y qué sentir, sino horror e indignación?

En el primer tomo de Cuestionamos describimos la situación reinante en Viena en 1935, cuando en pos de la supervivencia de la Sociedad Psicoanalítica se prohibió a los analistas atender a militantes, y a los didactas, en especial, analizar a candidatos con actividad política. Este hecho encuentra su contrapartida en el Río de Janeiro de 1973. En este caso hay evidentemente de por medio un didacta que no sabe cómo interrumpir la formación de un candidato torturador sin atraer sobre sí mismo y sobre la institución las eventuales represalias de este sujeto manifiestamente perverso, que ocupa una posición de poder. Esta situación límite patentiza en toda su crudeza la relación de extrema complicidad que puede llegar a establecerse entre el freudismo institucionalizado y el sistema imperante.

Sin duda alguna, la supervivencia institucional puede implicar un altísimo precio.

94

estatutário, psicanalista-torturador e psicanalista-resistente têm em comum um certo traço de união.

Essas dificuldades de leitura se produzem sobre o fundo de uma questão que jamais é exposta na obra e cuja resposta, evidentemente, jamais é formulada: o que fazia, afinal, H. Besserman Vianna nessa companhia? Como foi que ela entrou nessa? Como, e em que bases se engajou ali? Os detalhes nos levam a não negligenciar essas perguntas. Este, por exemplo: em 24 de junho de 1975, comparecendo diante do Conselho da SBPRJ, ela vê um de seus julgadores revolver

> uma pasta grampeada que tinha em seu frontispício listra verde-amarela e as conhecidas iniciais (ao menos para mim) — DOPS (Departamento da Ordem Política e Social) ... Eu era acusada de denunciar um torturador[93].

De onde H. Besserman Vianna tinha esse saber que lhe permitia identificar esse tipo de pastas? Sem dúvida, não de sua formação analítica. Igualmente, quando se acaba por saber que ela era amiga do diretor de *Voz Operária*[94], não se pode deixar de perguntar (à falta de informação, a pergunta vai ficar sem resposta) se não teria sido ela a dar a esse jornal comunista a informação retomada, desta vez claramente por sua iniciativa, por *Cuestionamos*. Decerto, H. Besserman Vianna pode militar onde bem lhe parecer (e ela acaba, aliás, por nos dizer onde[95]) e não teríamos, aqui, nada a dizer disso se ela não nos apresentasse, ainda hoje, e com a caução de um bom número de seus colegas psicanalistas brasileiros, franceses, argentinos, etc., essa militância

[93] H. Besserman Vianna, op. cit., p.82. Cf. também p.141.
[94] Ibid., p.87.
[95] Ibid., p.143.

MARIE LANGER
ARMANDO BAULEO

Algo mais sobre a tortura

Quando este livro já estava no prelo, chegou-nos do Brasil o jornal clandestino *Voz Operária*. Trata-se do número 102, de agosto de 1973.

No artigo "Identificados alguns torturadores da Guanabara", o parágrafo que reproduzimos estava sublinhado:

TORTURADORES

> De fonte segura, identificou-se o coronel Fiúza de Castro, filho do falecido marechal Fiúza de Castro, como um dos responsáveis pela tortura de prisioneiros políticos nas casernas do Exército.
> Um outro oficial do Exército fazendo parte da equipe dos torturadores é o tenente médico Amilcar Lobo Moreira. Este oficial orienta os torturadores quanto à resistência física do prisioneiro político. Por outro lado, enquanto psicanalista, ele é o responsável pelo "acompanhamento" da saúde mental do torturado e pela melhor maneira de lhe arrancar as confissões.
> Acobertados pelo uniforme e pela impunidade que lhes oferece até agora o regime, esses dois bandidos se especializaram na tortura de prisioneiros políticos. O fascismo sempre engendrou monstros desse gênero, que logo deverão ser promovidos — se já não o foram — como recompensa pelos serviços prestados ao Exército e à Pátria.

Uma nota no pé da página, escrita à mão, diz o seguinte: "Amilcar Lobo Moreira é um candidato da Sociedade Psicanalítica do Rio de Janeiro."

como proveniente da ética psicanalítica. Por que, então, não se haver escrito, em 1997, por que canal a *Voz Operária* recebeu a informação concernente a A. Lobo? Por que não ter citado integralmente ou reproduzido em fac-simile o texto de *Voz Operária*? Isso parece ser um sinal a mais desse distanciamento da ação política como tal, de que já notamos outras manifestações, e que viria ampliar essa onda de etificação da psicanálise que consiste em referir todos os atos de que se trata aqui à ética psicanalítica.

Página 83 — H. Besserman Vianna, sem dizer que este era realmente o caso, depois de haver citado a acusação de que foi objeto (a "denúncia caluniosa de um membro de uma outra sociedade"), menciona que se havia concluído ser ela a autora da nota manuscrita enviada a *Cuestionamos*.

Página 224 — Uma carta aberta de 7 de janeiro de 1994, assinada por Serge Lebovici e Daniel Widlöcher, enviada ao presidente da IPA e comportando numerosos erros, indica que uma carta manuscrita enviada a Marie Langer teria denunciado L. Cabernite. Vê-se aqui a que ponto, em 1994, os fatos ainda estão mal estabelecidos. E permanecem assim, aliás, ainda hoje, pois essa informação contradiz o que está escrito no prefácio de R. Major e no artigo de É. Roudinesco (a saber, que esse nome figurava no artigo de *Voz Operária*) e que é... inexato! Além disso, a carta fala de uma "jovem psicóloga" que teria escrito a Marie Langer e de cujo nome os signatários não se lembrariam. Que psicóloga? Mistério!

Página 227 — O leitor também deverá ir até a página 226 para se assegurar, enfim, decerto que não sobre todos os pontos, mas ao menos quanto a saber quem escreveu a Marie Langer. Assim, finalmente, se pode ler:

Enviamos esta denúncia a diferentes sociedades psicanalíticas. Esperamos que se tomem as medidas que se impõem. O que dizer em face dessa denúncia? E o que sentir, senão o horror e a indignação?

No primeiro volume de Cuestionamos, descrevíamos a situação que reinava em Viena em 1935, quando, depois do advento da Sociedade Psicanalítica, foi proibido aos analistas receber militantes e em particular aos didatas analisar candidatos que tivessem uma atividade política. Esse fato tem sua contrapartida no Rio de Janeiro de 1973. Há, evidentemente, no centro desse caso, um didata que não sabe como interromper a formação de um candidato torturador sem atrair sobre si mesmo e sobre a instituição as eventuais represálias desse sujeito manifestamente perverso, que tem uma posição de poder. Esta situação limite torna evidente em toda a sua crueza a relação de extrema cumplicidade que pode vir a se instaurar entre o freudismo institucionalizado e o sistema reinante.

Sem dúvida alguma, a sobrevivência institucional pode implicar o preço mais elevado.

> Na época em que Lebovici e Widlöcher estavam no Rio [...] não havia nenhum psicólogo na Sociedade a que pertencia o autor da carta a Marie Langer. [...] Os autores desse documento (*i.e., a carta citada p.223-224*), esquecem, além disso, que encontraram pessoalmente, no ano seguinte [...] a médica e psicanalista Helena Besserman Vianna, nada jovem, que lhes entregou os documentos existentes na época sobre a colaboração de Amílcar Lobo com equipes de tortura, os que implicavam Cabernite, bem como as cartas trocadas com a diretoria da SBPRJ e a declaração segundo a qual era ela a autora da nota a Marie Langer.

"A" declaração? Qual? Esta é a primeira vez que ouvimos falar dela. Se foi escrita por ocasião desse encontro, deveria se dizer aqui "uma" declaração. Se não, dizer quando essa declaração foi escrita pela primeira vez e a quem foi enviada.

Seja como for, para o leitor do livro, aí está daqui por diante pelo menos um ponto estabelecido. Continua a não se saber exatamente como se repartem as diversas revelações entre o artigo da *Voz Operária* e a nota manuscrita à margem da página: ainda não se sabe quem informou a *Voz Operária*; em compensação, sabe-se agora que foi H. Besserman Vianna quem enviou o artigo do jornal comunista e quem escreveu à mão para Marie Langer[96]. Mas por que esse suspense mantido, para o leitor, durante 226 páginas? Por que essa *mise en scène*? Por que essa teatralidade final?

---

[96] Será preciso avançar até chegar a ler, à página 270, o relatório técnico do perito grafotécnico para ter, enfim, um pouco mais de precisão nesse sentido. A página que o perito tem em mãos comportaria o nome de oficiais do Exército brasileiro, inclusive o do tenente médico Amílcar Lobo Moreira. Ele disporia também dos seguintes dizeres, escritos à mão: "psicanalista em formação da Sociedade Psicanalítica do Rio de Janeiro. Seu analista: Leão Cabernite; seu endereço: rua Gen. Miguel Ferreira, 97, Jacarepaguá (catalogado no *roster* da Associação Brasileira de Psicanálise e "situado na parte inferior do documento fotocopiado"). O gesto de H. Besserman

Não vejo outra resposta possível a não ser a seguinte: é que se terá esperado que o comportamento de H. Besserman Vianna seja julgado admirável, que ela tenha adquirido a simpatia de quem quer que se interesse de perto pelos acontecimentos relatados, em especial como vítima, acusada erroneamente pela IPA, exposta à violência de uma ditadura que não poupava os meios para alcançar seus fins, para deixar escapar, como que sub-repiticiamente ou pelo menos como um elemento sem maior importância, o fato de ter ela enviado o artigo da *Voz Operária* a Marie Langer e denunciado anonimamente L. Cabernite e a SPRJ.

Elogios, com certeza, não faltam a H. Besserman Vianna. Um dos mais recentes é o do diretor da coleção em que seu livro foi lançado em francês:

> Saúdo aqui a coragem, a força de opinião, as qualidades de coração, a posição ética de Helena Besserman Vianna que, com outros psicanalistas e intelectuais, prossegue nesse combate sem concessões pela restauração da verdade histórica e pela honra da psicanálise.

Como se a psicanálise devesse ter uma honra (sendo essa honra, também, o que tende a ser salvo pela diretoria da IPA ao longo dos acontecimentos que nos relatam). O reconhecimento

---

Vianna (aquele pelo qual ela entra na história?) teria sido, então, este: denunciar o analista do analista torturador e a Sociedade a que ambos pertenciam. E com certeza, ao mesmo tempo, o caso bem parece dever ser um assunto "psicanalítico" e não mais tão político. Esse gesto não é idêntico nem mesmo equivalente ao da ex(?)-analisanda identificando o médico torturador A. Lobo como sendo seu psicanalista.
Surpresa suplementar: desde que se consegue obter *Cuestionamos 2*, salta aos olhos que Marie Langer publicou apenas uma parte da nota manuscrita, que *Cuestionamos* teria, portanto, protegido L. Cabernite! Por quê? Não há resposta. A não ser que Marie Langer, na continuação do curto artigo, empresta ao analista de A. Lobo preocupações que não são, sem dúvida, exatamente as dele (as de L. Cabernite).

do que a psicanálise formula e faz, quando o consegue, não seria, pois, suficiente? Ela pediria, além disso, ser honrada? Condecorada[97]? Seja como for, é com este olhar lançado sobre a autora que somos convidados a entrar nesse livro. R. Major, por sua vez, fecha seu prefácio escrevendo que H. Besserman Vianna não cessou, por mais de vinte anos,

> custasse o que lhe custasse, de assumir a responsabilidade mais analítica por suas palavras e seus atos, com uma admirável altivez.

Este cumprimento vem em seguida a um outro, oficial, datado de 11 de agosto de 1996:

> O Conselho Executivo da IPA dirige a Helena Besserman Vianna a expressão de sua solidariedade e de sua estima no longo combate que foi o seu pela causa democrática e psicanalítica[98].

Já em 3 de julho de 1996, num texto aos membros do Comitê Latino-Americano, o Dr. Horacio Etchegoyen falava de H. Besserman Vianna como de uma

> verdadeira heroína civil a quem a IPA deve um reconhecimento duradouro por seu talento e sua coragem[99].

---

[97] Fui contatado há alguns anos por uma vendedora que me propunha adquirir, por uma soma aliás não desprezível, uma medalha de Freud. A surpresa não era tanto por esse empreendimento (Freud, hoje em dia, não é mesmo?... põe-se numa medalha... e se vende) e sim pelo fato de ser ela patrocinada, como dizia a encantadora voz telefônica, pela SIHPP, e especialmente por seu presidente, René Major. Logo, não se faz tanta história, nessa SIHPP, mas comemora-se. Sem se perguntar muito se ambos os procedimentos são compatíveis.

[98] H. Besserman Vianna, op. cit., p.250. Uma única causa, pois, a mesma, para a democracia e a psicanálise? E pergunta-se: um certo Jacques Lacan não teria, há alguns milhares de anos, construído o conceito de causa freudiana? Freud e seu círculo, ao falar de sua "causa", sustentavam também a da democracia?

[99] H. Besserman Vianna, op. cit., p.256.

Os termos "altivez" e "heroína civil" vão nos parecer justamente aplicados se notarmos, ao ler seu livro, que H. Besserman Vianna é alguém capaz, por exemplo, de escrever:

> Afinal, a definição aristotélica do homem como animal político não foi feita, evidentemente, para os avestruzes.

Ou ainda:

> E para mim a política, no sentido digno deste nome, faz-se olhando para a frente, em função de circunstâncias reais, e não das fantasias de uns e outros.

Eis-nos aqui aparentemente bem longe das sutilezas estratégicas de um Maquiavel. Mas também de Freud, que talvez jamais tenha imaginado que um membro da associação fundada por ele pudesse um dia declarar que uma ação criadora (a ação política é uma delas) seja bem conduzida deixando-se fora de função a fantasia. H. Besserman Vianna se diz

> orgulhosa de meu engajamento ativo, de notoriedade pública, nos movimentos pela paz, contra a violência, contra o racismo, bem como em associações judaicas contra o nazismo e seus prolongamentos[100].

Afora a inscrição voluntária, autoproclamada, desse engajamento no registro da dita ética psicanalítica, a qual doravante teria seus santos e seus mártires (outras realmente os tiveram), uma inscrição reivindicada por muitos protagonistas dessa saga com efeito de mútua caução, o que tinha, então, a análise a ver com tudo isso?

---

[100] Ibid., p.84, 106, 143.

A análise posta de lado

Precisamente, o deslocamento que notamos vai nos encaminhar a resposta. H. Besserman Vianna traça uma ponte sobre esse deslocamento quando escreve, em prejuízo de seus amigos,

> O criminoso não é mais o autor do crime, mas aquele através de quem vem o escândalo[101].

Deve-se compreender que esse "criminoso" não é mais A. Lobo, mas a própria H. Besserman Vianna, e escandalizar-se com isso. Como se fosse ela a haver identificado A. Lobo como psicanalista torturador. *Mas não foi este o caso.* Em outras palavras, algum fato, e também alguém, é elidido no deslocamento sublinhado nessa frase (não sem certa pertinência) por H. Besserman Vianna. A substituição assim dita, aquela segundo a qual H. Besserman Vianna teria sido posta em lugar de A. Lobo, passa por cima de uma outra substituição, aquela não dita, pela qual H. Besserman Vianna é posta no lugar "daquele através de quem vem o escândalo".

Já sublinhamos aquilo que todos, aliás, admitem, a saber, a que ponto a identificação da autora da denúncia se tornara importante: dissemos também a que ponto, nesse sentido, as coisas permanecem ainda hoje imprecisas. Um dos motivos dessa insistência e dessa imprecisão está claro agora: é que H. Besserman Vianna não era a autora da denúncia, que a identificação de A. Lobo como psicanalista torturador não veio dela, e tomando toda a carga da denúncia sobre si (sobre mim*, diria ela, se fosse ela

---

[101] H. Besserman Vianna, op. cit., p.84.

* No original, *surmoi*, que significa supereu. (NT)

quem o dissesse), H. Besserman Vianna adiantava-se no lugar de alguém, na frente de alguém que, em primeiro lugar, teria tomado a iniciativa de se engajar na denúncia de A. Lobo como psicanalista torturador.

Quem? Pois bem, o livro não diz absolutamente nada sobre isso! *Impasse total nesse ponto, sobre essa pessoa, sobre seu ato.* Ausência tanto mais intrigante na medida em que o livro comporta, em contrapartida, algumas indicações precisas sobre a identificação de A. Lobo como torturador. Assim:

> Este último, como se sabe, foi reconhecido por antigos prisioneiros políticos como tendo feito parte da equipe de tortura do CODI, instalado na sede da Polícia Militar à Rua Barão de Mesquita, no começo dos anos 70. O Dr. Amílcar Lobo foi igualmente identificado por Inês Etienne Romeu, ex-prisioneira política torturada, que o acusa de ter freqüentado a Casa da Morte [...] Inês Etienne Romeu foi torturada durante noventa e seis dias, a ponto de haver tentado por três vezes suicidar-se. Durante uma dessas tentativas, o "Dr. Carneiro" — pseudônimo de Dr. Lobo, como se descobriria mais tarde — a havia atendido. Dentro da equipe de tortura, o Dr. Lobo era encarregado dos serviços médicos.

Ou ainda:

> [...] declarações feitas por Olga d'Arc Pimentel, Germana Figueiredo, Sérgio Dario Seibel e Cecília Maria Bouças Coimbra, quanto à participação do Dr. Amílcar Lobo nas torturas a que foram submetidos[102].

Questionada de viva voz por ocasião do *happening* de 9 de fevereiro de 1997, H. Besserman Vianna nos deu a resposta. Sim, houve realmente alguém que, inicialmente, identificou o doutor tortu-

[102] H. Besserman Vianna, op. cit., p.118-119 e 121.

rador Amílcar Lobo como sendo um psicanalista torturador e essa pessoa era... duvido que adivinhem... uma ex(?)- analisanda de A. Lobo!

A cena teria sido a seguinte (transcrevo-a de memória, pois foi contada em meio a um certo tumulto). Alguém teria dito, diante dessa ex(?)- analisanda, que um médico que participava da equipe de tortura usava em seu jaleco branco uma etiqueta onde estava escrito seu nome. Este nome, no relato, foi então lido em voz alta[103]. Ao ouvi-lo, essa pessoa teria então declarado algo como:

> Mas é (era?) o meu psicanalista!

Aí está o caso. Pelo menos o seu começo pouco certo, mas que abre uma perspectiva para um caso ainda em grande parte a ser construído. Uma ex(?)-analisanda teria, semipublicamente, diante de um *Publikum*, antes que isso chegasse ao *Offentlichkeit* (para empregar aqui os termos de Freud na sua análise do chiste), estabelecido a ligação entre seu ex(?)-analista e a atividade de torturador a que este se dedicava. A declaração recusa essa versão das coisas que as quereria clivar, que afirmaria que A. Lobo torturava como militar (médico, militante, etc., o traço teria que

---

[103] Duas outras pessoas presentes por ocasião da jornada de 9 de fevereiro de 1997, tendo escutado esse relato oral, asseguram-me que a cena ocorreu no lugar mesmo onde se torturava, numa peça próxima à própria sala de tortura onde ficavam os prisioneiros. A informação teria saído, depois, da prisão através dos advogados. Seriam estes advogados que deram a informação à *Voz Operária*? Algum deles, ou alguém a quem um dentre eles teria dito o fato? No caso em que as coisas se tivessem passado assim, o tratamento do problema teria sido, pensamos então, num primeiro movimento, claramente político e jurídico. Seria, então, a ação de H. Besserman Vianna que teria levado, transferido esse tratamento para o domínio dito psicanalítico, que teria feito dele um assunto de Estado para a IPA. Qual era a posição da primeira denunciante no que se refere a essa mudança de terreno? Nada, seja como for, nos diz por ora que ela teria igualmente desejado que o assunto fosse assumido por outros psicanalistas (uma maneira de referi-lo alhures que não ao lugar de seu psicanalista, mas sempre na psicanálise do sujeito suposto saber?), que fosse retomado como oriundo do psicanalítico.

ser precisado estudando-se o caso), mas como analista seu agir era outro. A declaração responde a isso: Não, trata-se do mesmo agir. É realmente um psicanalista que tortura. Se há uma verdade nessa ligação, ela não deve ser buscada em tudo o que, em seguida, veio recobri-la, a saber, o fato de que nessas Sociedades psicanalíticas, é-se psicanalista e que isso se presta a ser referido a qualquer atividade em que se venha a engajar; essa verdade deve ser buscada naquilo que, na experiência dessa mulher enquanto analisanda de A. Lobo (mas sem dúvida dizia-se "paciente"), a teria levado a testemunhar, certo dia, sobre o modo do semidizer da verdade, mas de uma maneira clara e distinta, que seu ex(?)-analista era um torturador.

Qual é o estatuto desse semidizer? Não teremos a grosseria "lacaniana" de introduzir aqui o termo "passe", nem aquela, "freudiana", de qualificá-lo de *acting*. Não sabemos se se trata de um ato no sentido que Lacan deu a esse termo. Seja como for, não faltaram conseqüências.

Qual é o valor do testemunho dessa mulher? Mais uma vez, à falta de saber, à falta de material, muitas conjecturas se apresentam. M. Langer e A. Bauleo escrevem de A. Lobo que ele é "um sujeito manifestamente perverso[104]", o que é ir depressa demais no diag-

---

[104] Cf., aqui mesmo, o seu artigo em *Cuestionamos 2*. Seria para ocultar esse julgamento intempestivo que não nos foi dado, na obra de H. Besserman Vianna, o texto completo desse artigo? Ou para ocultar a outra afirmação, formulada sem qualquer prova e um tanto pejorativa para L. Cabernite, segundo a qual este didata não saberia como se desembaraçar de seu analisando A. Lobo sem que este usasse de seu poder para exercer represálias sobre o analista que o teria condenado e sobre a sociedade que, em seguida a este fim da sua didática, o excluiria? Ou para ocultar que o termo psicanalista tinha sido sublinhado (por H. Besserman Vianna?)? Ou para evitar ter que dar conta, algum dia, da afirmação (formulada sem prova?) segundo a qual A. Lobo teria sido envolvido na equipe de torturadores enquanto psicanalista?

nóstico, dado o que eles sabem, na época, sobre o caso (ou o que acreditamos saber que eles saibam, isto é, nada mais que aquilo que publicam). E a determinação em favor de uma dentre elas, ou de alguma outra coisa em que não teríamos pensado, não deverá negligenciar o apelido dado a A. Lobo e por ele retomado numa autobiografia de título talvez demasiado revelador para não valer como armadilha: *A Hora do Lobo, a Hora do Carneiro*. Mas continua a ser importante o fato de que não podemos, justamente, saber, não podemos determinar qual é o estatuto, qual é a verdade do testemunho dessa ex(?)-analisanda[105]. Isso, pela razão decisiva de que o caso, no sentido freudiano de monografia clínica tomada na sua singularidade, este caso de onde no entanto partiu a identificação de A. Lobo como psicanalista torturador e a partir do qual todo o resto se seguiu, este caso nem mesmo é mencionado no livro.

Surge, da maneira mais demonstrativa, isto é, nos fatos, que a extensão da clínica psicanalítica proposta por R. Major, aceita por muitos psicanalistas, como confirma a história que se vem de estudar, é correlativa de um *deixar de lado a clínica psicanalítica* nas suas dimensões freudianas mais metodicamente regradas, em especial aquilo que, na IPA, chamava-se (chama-se ainda?) o enquadre.

O resultado da onda de manifestações éticas que hoje recobre a analítica freudiana dá-se, então, distintamente, a observar a partir do livro de H. Besserman Vianna, o que não é um pequeno cumprimento dirigido a essa obra. Estender a extensão do con-

[105]Ela não teria sido a única a questionar a posição subjetiva de um A. Lobo, até mesmo essa posição como índice de uma "[...] identidade que existe entre as práticas do Exército e as da SPRJ". Assinalam-nos, p.208-209, que uma tese teria sido produzida em 1992 nesse sentido.

ceito de caso, não se ater ao sentido que tem esse conceito, quando se constata que Freud escrevia casos, é esvaziar o caso.

Neste caso, o esvaziamento terá consistido no seguinte: o que comportaria de ensinamento clínico, de esclarecimento sobre a transferência, sobre a análise, o fato do dizer de uma ex(?)-analisanda reconhecendo publicamente seu ex(?)-psicanalista como sendo um torturador se vê ocultado, até mesmo dissolvido, quando esse dizer é retomado por conta própria por uma dupla corrente: uma militância política em grande parte não declarada, encoberta por uma outra corrente, uma ideologia, uma *Weltanschauung* que tem nome: a ética da psicanálise.

Outra lição ainda, portanto: a onda de manifestações éticas não arrasta somente a analítica freudiana, mas também a política. E, como vimos, o Direito. Ora, essa psicanálise ampliada só pode obter semelhante resultado na medida em que seja uma ideologia. Diante do que, tentamos aqui gritar *"stop!"*, sem dúvida tão inutilmente quanto a mãe de Marguerite Duras edificando sua barragem contra o tão mal nomeado Pacífico. Mas, aconteça o que acontecer, notemos pelo menos a partir de agora que a verdade, que se acaba por acreditar ser comum, também sai da boca do cúmplice do torturador. L. Cabernite declarava:

> Nunca fui um político, minha ideologia é a psicanálise[106] [...]

Feito o estudo, forçoso nos é admitir que os outros protagonistas não parecem ter um ponto de vista muito diferente.

---

[106] H. Besserman Vianna, op. cit., p.128. Sem dúvida, é preciso agregar a essa incorporação do político no psicanalítico o incrível crédito atribuído à IPA. L. Cabernite: "Eu estava convencido de que uma instituição como a IPA era a garantia do espírito em que Freud criou nossa ciência" (p.216), a que faz eco essa definição de R. Major apresentando a IPA como: "[...] a representação mais legitimada da herança institucional freudiana [...]" (p.265). Legitimada..., como? Legitimada..., por quem?

Enlaces

Em seguida a uma demonstração inaugural pública da etificação da psicanálise, a seguinte história foi narrada num pequeno grupo. Tudo se passa durante a Segunda Guerra Mundial, na França, numa alta sede da psiquiatria institucional e da Resistência. Ali se agrupam médicos, atendentes, membros do pessoal, doentes e resistentes extraídos por algum tempo às garras do inimigo (o hospital tem seu grupo de resistentes). Mas eis que um dos doentes não cessa de dizer a quem quiser ouvir, em seu delírio, que ele está ali escondido, abrigado. Depois de haver debatido o problema, a organização combatente do hospital o executa.

O fato é da mesma ordem que esse outro: nos seus cadernos, escritos entre 1914 e 1916, e onde se pode ler a primeira versão do *Tractatus*, Wittgenstein, como se observou, não dedica uma só palavra à guerra.

Não se pode, com um mesmo gesto, submeter-se a um dado método do tipo método anatomoclínico, ou formal, ou freudiano, e inscrever-se numa ação de ordem ético-política. O próprio

Descartes é levado a lançar a ética no domínio do provisório, enquanto se engaja no terreno onde seu método lhe abrirá o caminho das certezas. Essa mesma clivagem se encontra ainda num contemporâneo de Wittgenstein, que vamos identificar somente lendo esses dizeres:

> Há um ponto que não me satisfaz: é a contestação da minha "teoria sexual e da minha ética". Para ser franco, deixo-lhe esta última: a ética me é estranha e o senhor é um pastor de almas[107].

Freudiana resposta à calamitosa ética que invade a psicanálise: deixar a ética aos pastores de almas.

É "a cada comunidade humana" que Lacan, reproduzindo em seus termos a posição clivada de Freud, deixa a decisão concernente à responsabilidade. Ele escreve a propósito do crime das irmãs Papin, essa decisão não é seu assunto como psiquiatra:

> Mas observemos, para uso daqueles a quem assusta a via psicológica onde engajamos o estudo da responsabilidade, que o adágio "compreender é perdoar" está submetido aos limites de cada comunidade humana e que, fora desses limites, compreender (ou acreditar compreender) é condenar[108].

A etificação da psicanálise implica a ilusão, se não a crença de que se poderá acabar com essa clivagem em que se apóia o método freudiano. Decerto que não podemos nos assegurar de

---

[107] Carta de Freud a Pfister de 9 de outubro de 1918 (*Correspondance de Sigmund Freud avec le pasteur Pfister)*, 1909-1939, Paris, Gallimard, 1966, p.103).

[108] Jacques Lacan, "Motifs du crime paranoïaque, Le crime des soeurs Papin", *Le Minotaure*, 1933-1934. Retomado em *De la psychose paranoïaque dans ses rapports avec la personnalité*, Paris, Seuil, 1975.

que tal ilusão possa jamais tornar-se realidade; mas tampouco se exclui que a tentativa quase forçada de instaurar essa ilusão como realidade não obtenha pelo menos esse resultado, de pôr um termo ao exercício da psicanálise na medida em que esse exercício do desejo — que ela é — só seria possível na dependência das regras do método freudiano.

Diversos fios vêm se enlaçar nesse mesmo ponto, como se a atual tentativa de etificação da psicanálise se dedicasse a retomar, para retificá-la, uma das condições de possibilidade do método freudiano (que deveria, por outro lado, inscrever sua marca na fabricação da IPA). Assim, depois de haver mostrado que há, realmente, um entrelaçamento com a instalação da IPA, vamos distinguir dois outros fios cuja convergência é atestada no estudo de caso que se acaba de ler: aquele que faz da ética o caminho, em outras palavras, *Pro Etica*, e aquele que promove a "cotraduzibilidade dos conceitos psicanalíticos e dos conceitos político-jurídicos, ético-jurídicos", em outras palavras, a OPA de Derrida sobre a IPA.

Enlace com a instalação da IPA

É no mínimo espantoso, até mesmo ridículo, talvez mesmo um pouco desesperador que, ao formular em 1997 essa incompatibilidade entre método freudiano e *etho-psychology* (em inglês, pois essa prensa-psicologia* não vem menos dos Estados Unidos

* Jogo de palavras entre *etho*, relativo à ética, e *étau*, prensa. (NT)

que a *Ego-psychology* desconstruída a seu tempo por Lacan), se passe por dizer algo novo. Antes, deveríamos entender "de novo" no sentido da repetição, já que nada mais se faz senão articular uma nova e pouco diferente versão daquilo que, na história do movimento freudiano, já foi formulado. Quando? Pois bem, num momento que não foi qualquer, por ocasião, mesmo, da fundação da IPA! Exatamente na década de 1910, no momento do congresso de Weimar. O livro intitulado *L'introduction de la psychanalyse aux États-Unis*[109] porta os traços do que era atuado pela discordância de Freud e de Putnam, por um lado uma recusa de Freud de constituir uma ética psicanalítica, mas também, por outro lado, e ligados a essa recusa, traços do fato de Putnam perceber que o que estava em jogo na sua questão dirigida a Freud era a própria existência da psicanálise como método, "*ψsche Methode*", escreve ele exatamente.

Em 27 de março de 1911, Putnam enviava, sintomaticamente, não uma, mas duas cartas a Freud. Na segunda, ele dizia não ter podido, durante algum tempo, resolver-se a lhe fazer chegar às mãos a primeira, e compreende-se, depois da leitura das duas, que essa hesitação não era sem motivo. Putnam, com efeito, preparava-se para queimar seus navios, dizendo a Freud alguma coisa que lhe era muito importante mas que ele pressentia que Freud não iria aprovar, chegando mesmo a escrever, no momento de dar esse passo:

> [...] eu lhe ficaria muito reconhecido se o senhor exprimisse com toda a franqueza a sua desaprovação [...].

---

[109] N. G. Hale, op. cit., cf. a introdução e as cartas 34 a 37.

O que não deixará de acontecer! Essa carta assinala a origem norte-americana (protestante: os Estados Unidos, país de seitas por excelência, a ponto de que a psicanálise ali teve, por infelicidade, de se fazer cem por cento médica para não parecer uma seita a mais) da onda ética que varre hoje a psicanálise ao mesmo tempo que a *political correctness*[110]. Putnam:

> Desde que estudo meus doentes e me esforço por aliviá-los de seus sintomas, descubro que preciso igualmente buscar melhorar sua personalidade moral e seu caráter. Eles devem querer desejar "sublimar-se" e é necessário que consintam em fazer sacrifícios e conformar-se com os ideais mais nobres [...]
>
> Poder-se-ia dizer: "A ética e a moral não nos concernem". Mas isso eu não posso admitir.[...]
>
> Considero que um paciente não está realmente curado se não se torna melhor do ponto de vista moral, mais aberto, e inversamente creio que uma regeneração moral contribui para eliminar seus sintomas.

---

110 Diz-se que nos Estados Unidos a psicanálise desapareceu em grande medida. Em todo caso, não sem ter dado lugar a essa nova doença que merece o nome, não de *psicanalismo*, e sim de *psicanalite*, inflamação da psicanálise. Verdadeira psicanálise ao inverso, essa inflamação comporta todos os ingredientes dos primeiros trilhamentos freudianos (abuso sexual na infância, trauma, recalque, sintoma histérico, perversão, cura pela palavra, até mesmo recurso à hipnose), mas só que sem analista. Assim, vê-se lá funcionar o esquema freudiano da memória reencontrada (*recovered memory*), reparadora do trauma sexual, nas sessões de *taking back the night*, durante as quais estudantes BCBG dizem em público e com detalhe como foi que alguém passou dos limites com uma delas, mediante o que chamam a si mesmas de "sobreviventes" dessa sexualidade. São assim promovidas as fantasias do *lecherous professor* e as acusações de SRA (*Satanic Ritual Abuse*), o que "justifica" uma plêiade de terapeutas de todas as pelagens (inclusive os cabeludos universitários), mas também uma psiquiatria "nova", a das MPD (*Multiple Personality Disorders*) que, como a neurastenia em sua época, provoca uma verdadeira epidemia. Em suma, há uma *père-version* psicanalítica, onde a sexualidade faz retorno, mas como rejeitada no lugar do outro. À falta de haver, de modo liberatório, levado cada um a sua declaração de sexo, o analista *made in USA*, depois de tornar a fazer do sexo a assombração de todos, terá sido eclipsado. *Congratulations*. Cf. Edward Behr, *Une Amérique qui fait peur*, Paris, Plon/Pocket, 1995.

Putnam pergunta, pois, a Freud se é "conveniente" e "útil" que ele intervenha nesse sentido, por ocasião do congresso de Weimar. Weimar será o momento da fratura Freud/Jung (o qual, em seguida, irá falar nos Estados Unidos e ali receber a confirmação dessa mesma posição formulada por Putnam).

> Eu gostaria de mostrar — escreve este — que [...] a psicanálise atual *implica* uma concepção da vida humana e das motivações à ação que é (no mínimo) estreita, e *portanto* defeituosa, porque incompleta.
> Pois ela é, esta concepção, demasiado materialista, demasiado exclusivamente concernida com a simples descrição de processos genéticos.

O "portanto" constitui problema. Putnam, ao que parece, não entreviu que a limitação de um campo é precisamente o que o fertiliza como campo de saber. Tudo se passa como se fosse censurado, na lingüística moderna, o fato de não levar em conta o problema da origem da linguagem, quando é precisamente o fato de tê-lo mantido à distância, de ter assim adquirido uma estreiteza, a sua estreiteza, que permitiu a essa lingüística produzir as descrições analíticas que se conhece. Tudo se passa como se Descartes fosse censurado por haver limitado estreitamente o campo do saber humano (distinguindo-o das verdades eternas, não envolvendo mais Deus nisso), quando foi justamente essa limitação que deu seu desenvolvimento ao trilhamento de uma ciência, jogando, sem mais preocupações teológicas, com suas letrinhas. Só criam os espíritos limitados. O que Freud, um pouco mais tarde, dirá em seus próprios termos a Putnam:

> [...] sou de longe mais primitivo, mais modesto e menos sublimado que meu caro amigo de Boston. Percebo sua

> nobre ambição, sua curiosidade profunda e comparo-as com a minha maneira de me limitar ao que me está ao alcance da mão, o concreto, que de fato é freqüentemente mesquinho [...] sacrifico alegremente muitas coisas ao sentimento de estar sobre um terreno sólido.
> Sempre fiquei impressionado com a baixeza dos homens, mesmo os analistas; mas por que os homens e mulheres analisados deveriam ser melhores? A análise permite uma certa unidade da personalidade, mas ela não torna bom em si e por si[111].

Para dizer a verdade, Freud não é interrogado por Putnam. Este, na sua segunda e ainda assim simultânea carta, escreve que "na realidade, nenhuma resposta é realmente necessária", e não duvidamos, ao ler essa declaração, que a resposta de Freud vai deslizar sobre ele como água nas penas de um pato. Parece que não se pode deter uma ética em marcha, conquistadora, não com algumas palavras num pedaço de papel, mesmo que assinadas por Freud, mesmo marcado, como se diz, por uma transferência positiva. A ética não é a lógica, a qual é às vezes inteiramente bloqueada por um grão de areia, capturada por esse gênero de estancamento de um desenvolvimento em pleno curso (cf. uma carta, justamente célebre, de Russell a Frege); a ética está... acima disso.

No entanto, essa resposta veio sob a forma de uma carta de Freud a Putnam, de 14 de maio de 1911.

> Se não nos contentamos em dizer "*be moral and philosophical*"

[111] N. G. Hale, op. cit., "Carta de Freud a Putnam" nº 91, p.217-218. A carta seguinte merece também sua releitura, em especial o parágrafo que começa por: "A ênfase dada pelo público às exigências éticas me causa freqüentemente uma impressão penosa", onde, depois de ter convocado, não qualquer um exterior ao movimento, mas o próprio Jung, Freud conclui confessando seu "desgosto pelos adeptos da santidade". Será preciso acrescentar que os santos não se contam, justamente, no registro de tais adeptos?

> [de modo muito sutil, Freud escreve isso em inglês], é porque uma tal posição é demasiado fácil, e a coisa já foi dita com demasiada freqüência, sem nenhum efeito. A arte consiste em *dar* às pessoas a *possibilidade* de ser moral [o grifo é de Freud] e dominar suas pulsões com filosofia. [...] a moderação, isto é, a necessidade de atingir algumas certezas, parece-me a única coisa realmente válida.

Até parece que estamos lendo Descartes, inclusive sua decisão de eleger uma moral provisória que, como em Freud, retira a questão ética do registro das questões de primeira importância. Freud prossegue:

> Jamais faltaram *Weltanschauungen*, e das mais exaltadas [...] Quando o conhecimento da alma for mais avançado, e somente então, é que chegaremos a estabelecer o que é possível no domínio da ética e o que podemos nos esforçar para atingir — sem risco de prejuízo — no domínio da educação.

Com relação a esse texto, parece lógico que fazer hoje como se fosse chegado o tempo de estabelecer uma ética psicanalítica é também, ao mesmo tempo, posar de sabedor, de possuidor desse "conhecimento da alma mais avançado" a que Freud dizia não ter tido acesso. É permitido (continua permitido) distinguir aí uma mascarada, uma tapeação de que se pode também duvidar, pela mentira que comporta, que detenha o verdadeiro Polichinelo[112].

Mas a continuação dessa partida de pingue-pongue nos importa muito, pois parece que Putnam entreviu, graças a essa resposta de Freud, que ele, Putnam, estava recusando o método

---

[112] *Ecco, ecco, il vero Pulcinella* (Nietzsche, citado de memória por Lacan na conclusão de sua leitura de Gide). J. Lacan, *Écrits*, op. cit., p.764.

freudiano, destruindo-o ao fazê-lo tender para a ética. Ele escreve, em sua carta a Freud de 30 de maio de 1911, à maneira do "eu sei... mas mesmo assim":

> Asseguro-lhe que também considero a *Ψsche Methode* como "um utensílio" e reconheço perfeitamente que é possível utilizá-lo sem referência a uma concepção de conjunto.
> Todavia, penso ser não menos verdadeiro [...] que uma corrente de pensamento muito difundida entre aqueles que se ocupam de Ψ é constituída de *Weltanschauungen*, menos úteis e menos conformes à verdade que outras.
> Afianço-lhe que nada jamais abalará minha confiança no valor do método Ψ. Desejo apenas vê-lo desenvolver-se em bases filosóficas mais sólidas.

A incompatibilidade ética / método estava, pois, realmente perfeitamente articulada entre aqueles dois homens, sob uma forma direta em Freud, denegada em Putnam.

Parece que um ponto de partida dos mais certos que se possa identificar como tais, com referência ao que se passou no Brasil com o caso A. Lobo, não é, como nos querem fazer crer, a Alemanha nazista, mas um afastamento que data de antes da Primeira Guerra mundial e que se teria cristalizado especialmente no momento em que a psicanálise alcançava os Estados Unidos, que é também o momento da ruptura Freud/Jung. A primeira manifestação dessa tensão método / ética, tal como surgiu na alergia norte-americana ao freudismo, data com efeito de uma conversação de Putnam com Freud, em seguida a uma das conferências de Worcester. N.G. Hale escreve:

> Num artigo que estava revendo pouco antes de sua morte, Putnam recorda que a essência de suas divergências de Freud tinha sido claramente evidenciada durante a conversa que se seguiu a uma das conferências de Worcester. Freud

afirmava que o princípio da causalidade é válido tanto para o pensamento humano quanto para a física. Os indivíduos são o produto de uma "evolução biológica, de uma experiência pessoal e de uma educação social", mas não de uma "escolha espontânea procedente de um objetivo ideal claramente percebido como tal". Putnam perguntou se um tal determinismo eliminava toda avaliação moral, a ponto de interditar todo julgamento sobre uma pessoa, toda possibilidade de considerá-la melhor ou pior que uma outra. Freud replicou "com uma sinceridade apaixonada que, para resolver os problemas da vida humana, não havia necessidade alguma de julgamentos morais, e sim de sempre mais conhecimentos[113]".

Enlaces com *Pro Etica*

O Sr. Wilson de Lyra Chebabi, que em 9 de fevereiro de 1997 nos dizia a fórmula franca, "Para a ética, pela ética", antes de chegar a fazer da ética o caminho, não fazia uma pergunta diferente daquela de Putnam. De maneira notável, na sua intervenção de 1981 no encontro franco-latino-americano organizado por R. Major, ele repetia, nos seus próprios termos, o problema Putnam[114]. Como Putnam, ele admitia que havia realmente, na psicanálise, relações de causalidade no sentido da causalidade física, mas para acrescentar (eu sei, mas mesmo assim...) que havia igualmente outra coisa, a saber (é ver-

[113]Putnam, "Elements of Strength and Elements of Weakness in Psychoanalytic Doctrine", citado por N. G. Hale em "Le rôle de Putnam dans le mouvement psychanalytique", N. G. Hale, op. cit., p.63.

[114]Wilson de Lyra Chebabi, "Le problème de la causalité dans la politique psychanalytique", in *Géopsychanalyse, Les souterrains de l'institution*, op. cit..

dade que já se passou algum tempo, e alguns termos parecem novos): a hermenêutica!

Se Jacques Derrida, que acabava de convocar publicamente a fundação de uma nova IPA[115], especialmente orientada pelo que, segundo ele, estava se passando de incomparável, psicanaliticamente, na América Latina, e que fazia da "América Latina" um conceito psicanalítico[116], se Jacques Derrida acreditava que essa experiência latino-americana, "sem medida comum", "insubstituível", "exemplar", ia "[...] nos ajudar a decifrar o que se passa, se passaria ou se passará no velho mundo psicanalítico, aqui mesmo[117], [...]", qual não deve ter sido a sua decepção ao ver voltar dessa América Latina tão afagada por ele e que estava como que fisicamente presente por ocasião de sua conferência, uma velha história euro-norte-americana: a hermenêutica. Os nomes são conhecidos: Dilthey, Ricoeur, Schaffer, toda uma corrente de psicanalistas *made in USA.*

---

[115] Jacques Derrida, "Géopsychanalyse, *and the rest of the world*", in *Géopsychanalyse, Les souterrains de l'institution*, op. cit., p. 26 e 28.

[116] Derrida, op. cit., p.12: "Sim, a América Latina é um conceito. E acrescentaria mesmo, na história conjunta da humanidade e da psicanálise, o nome de um conceito psicanalítico." É ir um pouco depressa demais. Negligenciar, inicialmente, que o termo não subsume, geograficamente, um território homogêneo. Trata-se de um clichê, escreve cruamente Guillermo Cabrera Infante (*"Dias callados en cliché"*, *Vuelta* 56, set. 1989). E este escritor questiona: o que tem a ver, pois, Cuba com o México? Uma é um país de negros com alguns brancos, o outro um país quase inteiramente composto de índios. O que têm em comum a Argentina e o Brasil? Esta última pergunta basta para mostrar que a teoria da língua comum não se sustenta. Foram os franceses que nomearam, invenção deles e das mais interessadas, a "América Latina". O que equivalia a atribuir ao dito lugar um destino passadista. Curiosamente, o nome veio de um lugar, Paris, onde existia um *"pays latin"* (hoje, *quartier*). É em Paris, não em Roma, que vêm morrer, diz ainda G. Cabrera Infante, os escritores sul-americanos. A América Latina foi um nome inventado pela diplomacia francesa do século passado, contra os "Estados Unidos da América"(1882), cujo próprio nome fala de imperialismo (ele anexa, sem pedir sua opinião, o conjunto dos estados do continente). Repetição política: também Derrida, cem anos depois da diplomacia francesa, como a IPA norte-americana, constrói o latino-americano.

[117] Ibid., p.29 e 30.

É a interpretação que, segundo Wilson de Lyra Chebabi, será a pedra de toque da psicanálise, e não, vamos observar, a transferência:

> [...] a intervenção analítica opera por meio do instrumento da interpretação e desmascara os laços deterministas de causalidade que agem na compulsão à repetição, sem no entanto criar ela mesma novas condições de funcionamento da pessoa. E é esta que, *no exercício da sua liberdade* — este princípio verificou-se indispensável na prática ["princípio" é, pois, o termo do ... mesmo assim] — faz uso *da intervenção a fim de progredir ou não* no seu crescimento até então entravado pelo mecanismo de defesa que estava em ação. Ora, este uso só pode ser compreendido na cadeia causal[118].

Teremos reconhecido, nesse texto, a atuação de um modelo lesional, tumoral, precisamente, e sinal patognomônico do método anatomoclínico. Ele supõe resolvido o problema com que o psicanalista e o analisando têm a ver, que eles têm que resolver. Com efeito, admitir que exista no paciente "um projeto de vida, criação cujo autor é o paciente, que vai motivar (motivar e não causar) o uso que ele fará da interpretação[119]" significa dar-se, de saída, aquilo cuja possibilidade se trata, justamente, de estabelecer. Sem retorquir à constatação de Freud segundo a qual não existe, no ser humano, a menor tendência ao progresso, vamos responder ao sustentador dessa versão sub-junguiana da existência de duas vertentes no ser humano, ali mesmo onde ele coloca a linha divisória entre essas duas vertentes, ou seja, a interpretação.

A reação à interpretação seria de uma ordem outra. Mas para afirmar tal coisa é necessário que não se coloque a questão

---

[118] Wilson de Lyra Chebabi, op. cit., p.38.
[119] Ibid., p.39.

do que vem validar a interpretação, em outras palavras, a própria questão que se encontra no centro do debate de Freud com o cético e tal como Freud a problematiza em "Construções em análise" (1937). Tendo descartado, para essa validação, o assentimento do paciente à interpretação, e depois sua recusa (que no entanto já vale mais), Freud chega a formular que essa validação só pode ser trazida pela superveniência, na análise, de um material novo, inédito. Não se pode ser mais claro sobre o fato de que a reação à interpretação é da mesma ordem que esta. Basta, aliás, levar a sério Freud quando situa a interpretação como um deciframento para se instruir com o caminho trilhado por um Champollion. O que acontece depois que Champollion decifra, pela primeira vez, um nome próprio? Ficaria ele mais livre em seus movimentos? Pode ele pôr-se a ler de outra maneira os hieróglifos que acaba de identificar? Certamente que não. Se existe "liberdade", esta terá de submeter-se mais e mais ao texto. O próprio deciframento, segundo uma lógica que é também aquela do rébus (logo, do sonho, segundo Freud) foi constituído justamente pelo fato de que a leitura de um segundo, e depois de um terceiro, e depois de um enésimo nome próprio, e depois de proposições, e depois de frases inteiras pôde ocorrer sobre a mesma base (que vai se ampliando) que foi posta em ação para a leitura do primeiro nome. Do mesmo modo, não existe, se é que Freud tem razão em nos indicar que uma interpretação isolada não tem, praticamente, qualquer importância, mas se vê validada ou invalidada por uma outra, na seqüência da interpretação psicanalítica, nenhuma "segunda maneira de pensar[120]".

---

[120] Wilson de Lyra Chebabi, op. cit., p.39.

Enlace com a OPA de Derrida sobre a IPA

Com esse último enlace, a presente intervenção valerá como uma resposta, ainda que tardia, à "Geopsicanálise" de Jacques Derrida, sendo esse texto tomado pelo que é: uma proposição. A proposição era feita à psicanálise do exterior, do estrangeiro, mas (sempre conforme os próprios dizeres de Derrida) desde esse exterior estrangeiro um pouco particular a que se chama um sintoma. Qual era o seu teor? Uma espécie de mercado. Derrida propunha aos psicanalistas que se interessassem, doravante, por todo um leque de questões que, segundo ele, haviam contornado, mediante o que sua contribuição seria recebida como incontornável.

> Mas existem também violações [dos direitos humanos] mais invisíveis, mais difíceis de detectar — na Europa e fora dela —, mais novas, talvez. E nesse sentido a psicanálise pode ser tanto o lugar de passagem para essas violências novas quanto o instrumento insubstituível de seu deciframento, a condição, por conseguinte, de sua denúncia específica, a condição de uma luta e de uma transformação. E se ela não analisa, não denuncia, não luta, não transforma (não *se* transforma com este fim), não se arrisca ela a recobrir somente uma apropriação perversa e refinada da violência e, na melhor das hipóteses, uma nova arma da panóplia simbólica[121]?

Esse texto é muito rebuscado, o auge da retórica política. Ele combina com outras formulações dessa proposição, algumas num tom um tanto ameaçador:

> Se hoje as forças dominantes e representativas da psicanálise no mundo nada têm a dizer ou a fazer de específico,

[121] Jacques Derrida, "Géopsychanalyse *and the rest of the world*", op. cit., p.18-19.

> nada a dizer ou a trazer de original nessa reflexão e nessa luta, quanto aos conceitos e realidades grosseiras ou refinadas da tortura, então a psicanálise, *pelo menos nas forças dominantes que se apropriam hoje de sua representação* (e aí quero formular as coisas de maneira diferenciada e prudente)...

Um "quero formular" que equivale a uma denegação, como já indica o jogo exageradamente complicado dos itálicos no *"pelo menos..."*, restringindo, de modo sublinhado, a importância da afirmação por vir, e depois os parênteses que dizem essa restrição como se os itálicos e o "pelo menos" não bastassem.

> ... nada mais é, e provavelmente *ainda menos*, que as instituições médicas clássicas da saúde[122].

Derrida não ignora que a colaboração entre a psicanálise e o Direito a que ele prega que a psicanálise se renda, se resolvida, implica uma

> [...] cotraduzibilidade dos conceitos psicanalíticos e dos conceitos político-jurídicos, ético-jurídicos, etc., nos quais se enunciam esses problemas e se organizam essas ações [Derrida acaba de mencionar os trabalhos da Comissão dos Direitos Humanos, os da OMS e da Anistia Internacional].

É fato que, como muitos outros "lacanianos" e "freudianos", e sem, aliás, que haja o menor acordo nesse sentido entre uns e outros, não atendi a esse convite, ao encontro da cotraduzibilidade. Teríamos, no entanto, caído no "ainda menos" que a medicina e a saúde?

Sem dúvida é tempo, hoje, de tornar mais explícita essa resposta em ato. Existe resposta por vários motivos. A começar por esse acordo basal sem o qual a própria noção de resposta não tem

---

[122] Jacques Derrida, op. cit., p.23. O grifo é meu.

sentido algum. Refere-se ao enunciado, mas também à enunciação. Nesse último registro, posso perfeitamente fazer meus os próprios termos de Derrida, ao dizer intervir como alguém "psicanaliticamente irresponsável". Sê-lo seria fazer da psicanálise uma causa. Ora, basta que nos reportemos, aqui mesmo, às páginas intituladas "... *et pour cause*", para aí ler que "causa freudiana", em bom método freudiano, nada mais quer dizer senão aquela do desejo de cada psicanalisando. E sem dúvida Derrida admitia de boa vontade que se pudesse ter estado "enhanálise" [*"ennanalyse"*], como ele escreve tão lindamente, e ver-se embarcado num certo exercício dito analítico, em outras palavras, encontrar-se, na prática, numa certa posição oblíqua com referência a esse ser-analista sobre quem Serge Leclaire proclamava muito a propósito, naquele mesmo encontro de 1981, que ele havia cumprido seu tempo[123], sem no entanto ser considerado responsável por uma causa de Estado ou querer-se como tal. Mas no plano do enunciado há também acordo sobre a questão, uma de cujas formulações, no texto de Derrida, é a seguinte:

> Por que a Associação Internacional de Psicanálise fundada por Freud há setenta anos não pode tomar posição diante de certas violências (termo a ser precisado mais adiante, espero, neste colóquio) se não por referência a um discurso jurídico clássico, de formas julgadas insuficientes pelos juristas ou pelos próprios partidários modernos dos direitos humanos[124]?

Por quê? Não somente porque nada nos pode assegurar que um Prêmio Nobel de química, interrogado sobre o genocídio de

[123]Serge Leclaire, "Préposés, encore un effort! Qu'en est-il d'être psychanalyste aujourd'hui?", in *Géopsychanalyse*, op. cit., p.79. Ainda precisaríamos estar certos de que essa proclamação nada tinha a ver com o momento, o da morte de Lacan.

[124]Jacques Derrida, "Géopsychanalyse *and the rest of the world*", op. cit., p.20.

Ruanda, tenha mais ou melhor a dizer que o joão-ninguém da esquina com quem ele partilha, no balcão do bar, um copo de vinho, sem se interrogar sobre o número de moléculas ingeridas. E Derrida, pelo menos em ato, não desconhece esse problema, já que é levado a distinguir (ainda que os fatos para os quais apela permaneçam um tanto confusos) uma especificidade de novas torturas, correspondentes à especialidade psicanalítica e motivando o apelo ao psicanalista. Nada indica, ao menos por ora, no caso A. Lobo, que fossem essas novas e sutis formas de tortura que o psicanalista A. Lobo teria sido instado a operar, até mesmo a inventar.

Portanto, é realmente a questão da especificidade da psicanálise que é colocada por Derrida, essa especificidade que daria sua importância à convocação. *A mesma questão, pois, que nós colocávamos, e na mesma direção, em 9 de fevereiro de 1997.* A propósito da declaração da IPA sobre a tortura, Derrida se interroga:

> Que instituição liberal do Ocidente não poderia ter feito a mesma declaração? Não há traço de especificidade psicanalítica nesse texto e isso não deixa de ser intrigante[125].
> Por que [a IPA] só pode nomear "a violação dos direitos humanos, dos cidadãos em geral", acrescentando apenas "sábios e colegas nossos em particular", nota corporativista que corrompe, sem compensar, a abstração universalista desse texto? Por que ela só pode nomear a "legítima liberdade" dos indivíduos[126]?

Porque, se naquele momento tivesse (vão nos perdoar a expressão, mas ela não tem equivalente) colhões (o que quer dizer: para, possivelmente, fazê-los cortar), a "legítima herdeira" de

---

[125] Jacques Derrida, op. cit., p.18.
[126] Ibid., p.20.

Freud teria insistido na clivagem ética / método sobre a qual Freud mesmo não cedia. Insistir nisso significaria não fazer *nenhuma* declaração. Ali, ao menos, aqueles que, no mal-entendido, se dirigiam a ela, talvez tivessem uma chance a mais de observar o que implica a psicanálise freudiana como contorno da ética, como recusa marcada de fazer da ética o caminho. Em lugar desse silêncio total, acreditaram-se na obrigação de soltar algumas palavras. Logo, era um mínimo. E um mínimo, ainda que eles tenham sido chatos, sem especificidade, traço, em seus proferimentos, era que viessem no lugar de um "nada dizer" (melhor que um "nada dizer sobre isso").

Derrida vê, nessa posição da IPA,

> [...]uma coisa obscura e aterradora na história conjunta do homem, dos direitos humanos e daquilo a que se chama a psicanálise.

Obscura e aterradora, certamente. Mas não será torná-la mais obscura e aterradora ainda fazer dessas histórias uma história "conjunta"? Assim, Derrida lamenta aquilo que, com Freud, ao contrário, louvamos como uma sorte (eminentemente provisória?), a saber

> que não exista hoje problemática política ou código do discurso político que tenha integrado em si, rigorosamente, a axiomática de uma psicanálise possível, se é que a psicanálise é possível.

Avalie-se a distância de Freud, que dizia a psicanálise impossível, o que Derrida, leitor de Freud, leitor que nos abriu para certos textos cruciais de Freud, parece realmente esquecer. O texto continua assim:

> Minha hipótese, portanto, é que uma tal integração do psicanalítico não ocorreu. Tampouco nenhum discurso ético

> integrou a axiomática da psicanálise, tampouco nenhum discurso político o fez.

E Derrida chega a formular os resultados daquilo que ele apresenta como uma carência e que, a nossos olhos, e mais que nunca depois do estudo do caso A. Lobo, vale como uma condição de possibilidade da psicanálise. Dentre esses resultados, Derrida distingue:

> [...] uma neutralização do ético e do político, uma dissociação absoluta entre a esfera do psicanalítico e a do cidadão ou do sujeito moral na sua vida pública ou privada[127].

Tirando o "absoluta", que já era contestado pela obra de Freud sobre o chiste, resta o fato não compreendido por Derrida, o fato de que *não se trata de modo algum de um resultado*, mas ao contrário, de um ponto de partida, de uma condição de possibilidade, dizíamos, depois do estudo do confronto Freud/ Putnam.

Assim lemos, revirando-a, a frase de Derrida com base na qual mais uma vez, a 9 de fevereiro de 1997, em Paris, no hospital Sainte-Anne, se tentava constituir essa IPA *new look* e com efeito diferente, anunciada desde 1981. Aí está essa frase:

> Essa incrível dissociação é um dos traços mais monstruosos do *homo psychanalyticus* de nossa era.

"Incrível dissociação", sim; o que não impede que, no entanto, ela seja uma daquelas existentes no ponto de partida da invenção do método freudiano. Um "traço monstruoso"? Ele se torna assim, com efeito, cada vez mais, à medida que se quer

---

[127] Jacques Derrida, op. cit., p.21 (igualmente a citação seguinte, que vem logo em seguida).

sempre mais crer na existência do *homo psychanalyticus*. Suprima-se esse energúmeno e o monstro se desvanecerá como o fantasma de Hamlet ao amanhecer.

Mas se é realmente, como tudo indica, esse *homo* que Derrida convoca ao encontro anunciado da cotraduzibilidade, sabemos agora que, se ali comparecer, o freudismo se destruiria como método.

E logo, também, como escola.

Em "Kant com Sade", Lacan fazia da alcova sadeana um lugar igual

> [...] a esses lugares de que as escolas da filosofia antiga tomaram seus nomes: Academia, Liceu, Stoa. Aqui, como lá — acrescentava ele —, prepara-se a ciência, retificando a posição da ética[128].

Seria a partir de agora a ética que, tornando-se o caminho, retificaria a escola a ponto de aniquilá-la como escola? A moral (verdadeiro nome dessa ética) não vai ganhar nada se tentar anular o passo que Kant a fez franquear, se negligenciar o fato de que

> [...] a moral desde Kant [é] reconhecida como uma prática incondicional da razão[129].

---

[128] Jacques Lacan, "Kant avec Sade", in *Écrits*, op. cit., p.765.
[129] Ibid., p.770.

E A TORTURA?

Não poderíamos contornar um ponto delicado, o da tortura. Seu estudo irá confirmar, ainda que por um viés inesperado, o fato de se pôr de lado a psicanálise que constatamos a partir de quatro traços: não se trata mais do supereu (é chegado o tempo da ética), não se trata mais do caso (é chegado o tempo de uma clínica do fato social), não se trata mais do método (é chegado o tempo do analista sabedor), não se trata mais de dar conta da experiência analítica (é chegado o tempo da ideologia dita "psicanalítica").

Capturados na sua briga contra o psicanalista torturador, preocupados em se diferenciar dele e de seus cúmplices, os psicanalistas da SPRJ, reunidos em assembléia-geral, dirigem um comunicado à imprensa, que o publica a 7 de dezembro de 1986. Ali pode-se ler, em especial, o seguinte:

> A imprensa se fez o eco do espanto daqueles que não conseguem compreender a coexistência da psicanálise com a tortura. Pessoas ligadas à repressão e à tortura jamais podem exercer por muito tempo uma atividade liberadora por essência.

> O exercício da psicanálise está em completa contradição com a prática da tortura, qualquer que seja ela. [...] se os torturadores podem exercer certas profissões, a psicanálise não é uma delas. O sigilo, e não a delação, a verdade e não a mentira, a liberdade e não a coerção são as condições *sine qua non* do trabalho psicanalítico[130].

E o texto se conclui, em maiúsculas:

TORTURA NUNCA MAIS

Pois bem, lamentamos dizer às belas almas que nos dão essa lição sobre o fundo de um maniqueísmo de rara burrice (sigilo/delação, verdade/mentira, liberdade/coerção): se nos ativermos estritamente a uma tal declaração, excluindo, como ela diz, "a prática da tortura *qualquer que seja ela*", fica também excluído analisar. O que faria, para mencionar aqui somente um caso, o analista signatário de uma tal declaração pública, a quem se dirigisse, para eliminar seu sintoma, aquela mulher obsessiva que foi objeto, um dia, da apresentação de doentes de Lacan, e que relatava (tal era o sintoma em questão) arrancar as unhas de seu filho até sangrar, não sem gozar com seu ato? Esse analista só poderia recusar-se a acolhê-la, deixá-la de lado, pondo-se assim ele mesmo de lado, para não se ver como cúmplice da tortura.

Notavelmente, foi uma pergunta do mesmo teor que H. Besserman Vianna fez a Bion, em 1974, quando da série de conferências deste no Rio:

> Suponhamos por exemplo que o senhor recebesse em seu consultório um paciente, enviado ou recomendado por alguém, que lhe dissesse que deseja tratar-se e talvez mesmo

[130] H. Besserman Vianna, op. cit., p.148.

> tornar-se analista, uma vez que já é médico, mas que se queixasse de uma grande dificuldade de suportar a si mesmo pois é perverso e cometeu atrocidades com outras pessoas. Será que este caso entraria nos seus critérios mínimos de admissibilidade de um paciente?[131]

Não é preciso ser muito sagaz para imaginar que quem fazia a pergunta tinha em mente A. Lobo. E que tinha também em mente uma resposta esperada, uma resposta claramente negativa. Quanto à resposta recebida de Bion (H. Besserman Vianna dá as referências bibliográficas, mas sem dizer qual foi ela), esta não estava de acordo com a esperada. Aqui está:

> Não há nada nisso que a senhora me diz sobre este paciente que me fizesse hesitar em aceitá-lo. Eu poderia perfeitamente me enganar — exatamente como eu poderia me enganar por completo ao dizer que não aceitaria o paciente anterior[132]. Ninguém pode me dizer — para mim mesmo, é difícil sabê-lo — se isso vale a pena. É-se confrontado com o mesmo tipo de problema — em grau extremo — quando se trata de ficar noivo ou casar. Pode-se dizer: "Bem, até agora, parece tratar-se de um bom rapaz ou de uma moça encantadora. Não me desagrada que jantemos juntos". Isso pode evoluir e atingir uma situação onde as pessoas propõem uma à outra tornar esse compromisso mais permanente. "Você promete jantar comigo durante os próximos cinqüenta anos?", eis o que vai ser complicado. [...]
> No que concerne ao paciente em questão, eu diria: "Se quiser, podemos fazer uma tentativa." Se o paciente disser: "Está bem, doutor, eu quero. Mas pode me dizer o que é a psicanálise?" Eu deveria então dizer: "Lamento. Eu lhe

---

[131] H. Besserman Vianna, op. cit., p.68. A resposta de Bion se encontra em suas *Brazilian Lectures, Rio/São Paulo 1974*, Rio de Janeiro, Imago, 1975, p.168.

[132] Trata-se, no parágrafo anterior, de dois tipos de pacientes, um paranóico e outro insatisfeito porque não faz o que quer fazer.

> diria se pudesse, mas não posso. Não há nenhum meio de saber o que é a análise — pelo menos, comigo — a não ser vindo me ver." [...] O problema, aqui, é que estamos discutindo na ausência do paciente.

Vamos acrescentar, para responder a uma suposição que parece implicada na pergunta feita a Bion: só os perversos cometem atrocidades contra outras pessoas[133]. Assim, invoquei conscientemente, acima, um caso classificado numa outra dessas categorias claudicantes que precisamos realmente usar de vez em quando, muleta capaz de nos fazer dar alguns passos no nosso pouco saber sobre a loucura. E se, para decidir tomar alguém em análise, é exigido que se tenha a certeza de que este alguém não cometeu nenhuma atrocidade contra ninguém, há poucas chances de que alguém jamais venha a fazer uma análise com um psicanalista que tenha adotado semelhante regra[134]. Pois não desconhecemos, deve-se notar, que existem formas de tortura menos visíveis que aquelas aqui denunciadas. Razão pela qual escolheu-se excluir a prática da tortura "qualquer que seja ela". Mas onde, então, demarcar a fronteira? De fato, declarando radical a

[133] E, mesmo se atendo às perversões, deve-se recusar, em caso de demanda, a análise a uma condessa Zenobia, que valeu a Sacher-Masoch seu primeiro delicioso pontapé quando este ousou beijar o que logo se tornaria o instrumento de seu sofrimento? A uma Anna de Kottowitz, que levava a tortura da traição ao ponto de fazê-la objeto de gozo para aquele que era enganado? A uma Fanny Pistor, inventora do contrato perverso?

[134] Seria preciso uma análise terminada para se ter essa garantia abrindo ao candidato as portas da análise? Belo círculo vicioso, e que leva a lógica ipeísta do "certificado de admissão à didática" ao encontro de sua verdade, aquela segundo a qual a psicanálise serve para estabelecer sua própria possibilidade. Nesta lógica, só existe, e na melhor das hipóteses, uma análise *possível*. Tudo se resume, aqui, à anedota: "Demanda: Pode me dizer as horas? Resposta: Posso, sim". O conceito lacaniano de ato psicanalítico é de outro teor, mais ajustado à *impossibilidade* de analisar dita por Freud.

incompatibilidade entre a psicanálise e a tortura, "qualquer que seja ela", fica interditado aceitar a mínima demanda de análise.

E, mais ainda, esse tipo de declaração: "Isso nunca mais!", é suscetível de ser invertida, e a coisa se produz, como se diz, "com freqüência maior que a devida". O que dá, como notou Lacan: "Isso, mais do que nunca!"

Freud estava perfeitamente a par dessa violência feita ao doente em nome da ética. Na sua muito notável "introdução" à *L'introduction à la psychanalyse aux États-Unis*, Nathan G. Hale, citando Freud, escreve que, segundo este,

> Só há uma coisa a censurar em Putnam: seu desejo de colocar a psicanálise "a serviço de uma certa concepção filosófica do mundo", e de "impor essa concepção, essa visão de mundo, ao doente, com vistas a educar-lhe o espírito. A meu ver, isso corresponde a nada menos que fazer uma violência ao doente, mesmo que os motivos patentes de uma tal ação sejam absolutamente honoráveis[135]".

Existe, aliás, um começo de tal violência feita em nome da ética na ação ético-analítica movida para que sejam levados a julgamento torturadores e cúmplices. Essa ação com efeito é pensada e realizada como um: "Convém reabrir as feridas", palavra de ordem que se apresenta, na obra, como a resposta ao subtítulo do livro, que é também uma palavra de ordem: "Não conte a ninguém." Assim,

> 28 de outubro de 1986. A crise voltou e torna a ensagüentar [sic] as duas sociedades psicanalíticas do Rio de Janeiro filiadas à IPA. As duas reabrem suas antigas feridas por

[135]N. G. Hale, op. cit., p.64.

> ocasião de assembléias cujos debates são amplamente difundidos na imprensa nacional[136].

O contexto diz claramente que H. Besserman Vianna aprova semelhante ação. Igualmente (desta vez entre aspas, logo, como uma frase que veio a H. Besserman Vianna do lugar do Outro):

> Se não tinham achado bom citar os outros era "para não reabrir inutilmente as velhas feridas"[...]

E ainda:

> Lembro a esse médico [*trata-se do presidente da IPA, tomam-no como médico sem fazer o menor questionamento!*] que é necessário, que é terapêutico reabrir antigas feridas a fim de obter uma cicatrização sadia.

R. Major, por sua vez, formulava de modo muito explícito sua própria atuação dessa violência ética, declaração, aliás, que não é produzida num lugar qualquer, já que se encontra naquilo que se quer como a palavra final (pelo menos, é a do livro) de seu confronto com Alain Badiou a propósito da psicanálise derridiana. Major escreve:

> Que haja violência, concordo, mas essa violência se liga a princípios sobre os quais jamais se transigiu. Que se saiba que eu teria preferido não ter que utilizá-la[137].

"Eu teria preferido não ter que [ah, este "ter que", que alívio!] utilizá-la", não é isso o que dizem, todos os dias, em estados democráticos, ditatoriais, religiosos, centenas de juízes a cente-

---

[136] H. Besserman Vianna, op. cit., p.147; citações seguintes nas páginas 251, 252, 253, 256. Assim, o lapso que havíamos observado, "*mis à jour*" por "*mis au jour*", demonstra realmente ser um lapso, e não um erro já tornado tão habitual em francês que logo deixará de ser considerado como tal.

[137] René Major, "Remarques à plus d'un titre", in *Lacan avec les philosophes*, op. cit., p.452. Como no livro de H. Besserman Vianna, R. Major, também aqui, dá a última palavra.

nas de ladrões de bicicletas, sem contar os inocentes? Não é de se esperar que um psicanalista se situe de modo um pouco diferente? Mas aqui é o presidente de uma sociedade de história da psicanálise quem, em especial, se pronuncia. Com efeito, a história é realmente, de ora em diante, convocada como instrumento da terapêutica que é essa violência ética:

> A história desemboca, finalmente, numa decisão democrática e unânime do Conselho Executivo da IPA, reunido em agosto de 1996, de publicar uma autocrítica definitiva que todavia não vá "reabrir antigas feridas".

A frase vem logo antes daquela referente à ampliação das responsabilidades, de que já falamos[138]. Assim, como se dirá, três páginas adiante, a história é "dolorosa": ela será *historiae doloris* ou não será:

> Essa história é longa, complexa, dolorosa, mas uma coisa agora está bem estabelecida: há mais de um responsável, e alguns são mais responsáveis que outros.

Parece-nos pois, agora, menos surpreendente a tomada de poder de É. Roudinesco quando da reunião de 9 de fevereiro de 1997. Todos são insistentemente solicitados a se alinhar nas "razões da história" ou, mais exatamente, a confirmar, na fabricação do "ser historiador" de É. Roudinesco, sua subscrição à mestria da história sobre a psicanálise.

O que é confirmado pela conclusão do livro, não menos maniqueísta do que tudo o que já lemos. O leitor, com efeito, é ali

[138] "Desde que a análise ultrapassou os limites da terapêutica, nos quais o próprio Freud se recusava a circunscrevê-la, surgiram numerosas orientações psicanalíticas, cujo objetivo é a interpretação dos fenômenos institucionais." H. Besserman Vianna, op. cit., p.40.

convidado, seja a adotar a versão dos fatos apresentada por H. Besserman Vianna e a convicção dela decorrente, para doravante também divulgá-la, seja a "salvar a psicanálise" (diz-se ironicamente, sem avaliar que também se está empregando nisso) em detrimento da... verdade.

Ter-se-á somente omitido de nos precisar que essa verdade ética foi construída às expensas do político, do jurídico e do analítico (disso mesmo que se pretende juntar), e com base numa tríplice substituição: um caso público terá substituído um caso clínico, uma denunciante terá expulso outra, e uma ética terá sido exibida, liquidando, de passagem, o método freudiano.

... ET POUR CAUSE

Em 1986, num artigo intitulado "O que está em causa", H. Besserman Vianna escrevia:

> O governador José Aparecido, depois de haver esclarecido o caso Mario Eugênio, declarou textualmente: "O Exército não pode servir de guarda pretoriana para criminosos. Devemos distinguir a instituição das pessoas que cometeram crimes." O mesmo se dá com a psicanálise. Ela tampouco está em causa: os responsáveis são aqueles que cometeram crimes em seu nome [...]

"Em seu nome"? A. Lobo teria torturado "em nome da psicanálise"? Quem o disse? Faltam, precisamente, no livro daquela que declarava tal coisa, o nome e o testemunho daquela que nos poderia ajudar a discernir a verdade, até mesmo a nos levar a alterar sua formulação, por exemplo dizendo de outra maneira em que seria possível identificar em A. Lobo um "psicanalista torturador". Assim, torna-se a pôr a psicanálise em causa, agora com base no testemunho mudo de um psicanalisando desconhecido. Quando se fará seu mausoléu? Quando, o reacender da chama simbólica?

Dizemos "a psicanálise como causa", pois será difícil, enquanto se espera a hora das cerimônias comemorativas, fazer-nos crer que a psicanálise não esteja em causa no momento mesmo em que nos asseguram que crimes são cometidos "em seu nome". E explicam: não mais em causa que... o Exército. Imagine-se com que felicidade Freud teria recebido, vinda de um de seus discípulos, essa identificação entre psicanálise e Exército. Mas vamos responder, jogando o jogo dessa identificação. O Exército está realmente em causa — não é mesmo? — nas torturas feitas "em seu nome"; segue-se que a psicanálise não poderia estar menos.

Essa sórdida retirada de causa da psicanálise oculta, no entanto, um traço de verdade. É que a psicanálise, com efeito, não poderia ser posta em causa se, como estabelecemos, ela é posta de lado de saída.

A menos que... A menos que, justamente, seja precisamente este deixá-la de lado que a tenha posto em causa. Queremos dizer: posto em lugar de causa.

Só existe, então, um erro, a saber, que essa função da causa, no método analítico freudiano, *só poderia ser referida ao analista e não à análise*. O que nos mostra, em negativo, aquilo que se escolheu relatar para nós. Se o de que se trata é manter o analista ao abrigo dessa responsabilidade, o que, com efeito, se pode fazer de melhor para isso a não ser excluir o caso clínico? O afastamento do analisando, muito parcialmente suspenso em 9 de fevereiro de 1997, traz consigo, mais insidiosamente, sem dúvida, um encobrimento do psicanalista. Assim, recobre-se o caso com um punhado de trocas "entre psicanalistas", nenhum deles, certamente, estando em função.

Se é que ele existe, o que não é o caso, que praza ao céu das intempéries que a calamidade superegóica aqui descrita venha se reduzir a este escrito, outra espécie de calamidade. Caindo, assim, no esquecimento, segundo uma alquimia tornada pensável pelo equívoco significante de um caule que tornou a ser caule depois de ter sido cálamo, ele a levaria consigo para um luto, enfim realizado, de uma ética psicanalítica que não existe. Como um moderno e banal instrumento de escrita, dispensado depois de uma curta serventia.

Marcos cronológicos

Os números das páginas entre parênteses correspondem aos do livro de H. Besserman Vianna (em francês).

1944 (p.171): Fundação no Rio, por um grupo de psiquiatras interessados pela análise, do Centro de Estudos Juliano Moreira.

1946 (p.172): Alguns partem para fazer sua formação em Buenos Aires.

1947, fevereiro (p.172): Fundação, no Rio, do Instituto Brasileiro de Psicanálise (estatutos feitos pelo modelo da IPA, retomados ulteriormente pela SBPRJ e reformados em 1982).

1947, 31 de julho (p.173): Carta de E. Jones ao Instituto Brasileiro de Psicanálise propondo Mark Burke como didata para o Rio.

1948, 2 de abril (p.174, 179): Chegada de M. Burke ao Rio.

1948, dezembro (p.174, 247): Chegada de Werner Kemper ao Rio, igualmente recomendado por Jones.

1949, fevereiro (p.198): W. Kemper começa sua atividade de didata no Rio.

1949, junho (p.15): Publicação em *Critique* de "La psychanalyse, une idéologie réactionnaire", texto assinado por Serge Lebovici.

1950 (p.174): Chegada ao Rio do grupo dos argentinos. Ligam-se a M. Burke.

1950 (p.174): Conflito entre M. Burke e W. Kemper. W. Kemper funda o Centro de Estudos Psicanalíticos do Rio.

1951, abril (p.198, 247): W. Kemper é excluído do Instituto por haver feito sua mulher didata.

1953 (p.175, 181): M. Burke volta para a Inglaterra.

1954 até 1957 (p.175): Grupo de ingleses. Formam um grupo com o antigo grupo de Burke e os argentinos.

1955 (p.174, 248): A IPA reconhece o Centro de Estudos Psicanalíticos do Rio, que passa a chamar-se SPRJ.

1955, novembro (p.198): Segundo Jochen Kemper, W. Kemper é preso em flagrante delito de exercício ilegal da medicina, por denúncia de colegas exteriores à SPRJ.

1959, 9 de dezembro (p.73, 175): A IPA reconhece oficialmente a SBPRJ.

1962 (p.201): Queixa formal dirigida à IPA contra Kattrin Kemper.

1965, 9 de abril (p.48): SBPRJ, infrações cometidas por Décio Soares de Souza. Sua eliminação da Sociedade é decidida. Cinco de seus analisandos são informados.

1965, outubro (p.44): No Brasil, Ato Institucional nº 2, suprimindo os partidos políticos.

1967 (p.60): Começo da análise de A. Lobo com Walderedo Ismael de Oliveira (presidente e didata da SBPRJ).

1967 (p.200): W. Kemper volta para a Alemanha, deixando no Rio sua mulher e filhos.

1968, dezembro (p.47): No Brasil, AI 5. Fechamento da ditadura.

1969 (p.60): Continuação da análise de A. Lobo com Antônio Dutra Jr.

1969 (p.50): Hélio Pellegrino, membro da SPRJ, é preso. Recusa da SPRJ em lhe fornecer um documento dizendo que sua prisão arriscava suscitar angústia em alguns de seus pacientes.

1969 (p.202): K. Kemper funda o Instituto Brasileiro de Psicanálise do Rio de Janeiro.

1970, começo dos anos 70 (p.11): Criação do grupo *Plataforma*.

1970 (p.74): H. Besserman Vianna nomeada membro associado da SBPRJ.

1970 (p.60, 62): A. Lobo convocado a fazer seu serviço militar.

1970 (p.204 – referido por erro ou *lapsus calami* ao ano de 1979): Artigo de André Green: "Répétition, Différence, Réplication".

1970, 28 de dezembro (p.229): Começo da análise de controle de A. Lobo com L. Cabernite.

1971 (p.60): Tendo A. Dutra deixado o Brasil para prosseguir sua análise, continua a análise de A. Lobo com L. Cabernite, didata e presidente da SPRJ.

1972 (p.202): Morte de K. Kemper.

1972, agosto (p.55, 131): *Voz Operária* denuncia A. Lobo como fazendo parte de equipes de tortura do Exército.

1973: Antes da publicação de *Cuestionamos*, Marie Langer envia fotocópias de *Voz Operária*, principalmente à IPA, à Sociedade Argentina e à Sociedade de Paris.

1973 (p.33): Publicação por *Cuestionamos* do artigo de *Voz operária*. Retomada da nota manuscrita (anônima).

1973, 11 de outubro (p.56, 281, 193): Carta de S. Lebovici ao presidente da SBPRJ.

1973, 29 de outubro (p.281): Carta de D. Zimmermann a S. Lebovici.

1973, 29 de outubro (p.57): Carta de D. Zimmermann, presidente da COPAL, a L. Cabernite.

1973, 6 de novembro (p.58, 282): Walderedo I. de Oliveira, presidente da SBPRJ, responde ao presidente da IPA.

1973, 12 de novembro (p.59): Carta de L. Cabernite e outros notáveis da SPRJ a D. Zimmermann.

1973, 17 de dezembro (p.62, 282, 294): Carta de S. Lebovici a W. de Oliveira mencionando o nome do candidato acusado.

1973, 17 de dezembro (p.62, 256, 282, 295): Carta de S. Lebovici a L. Cabernite.

1973 (p.186, 193): W. Kemper publica uma autobiografia.

1973 (p.263): René Major, diretor do Instituto, e estrangeiro na França, é objeto de uma denúncia anônima por exercício ilegal da medicina.

1974 (p.94): No Brasil, o general Ernesto Geisel assume a presidência: projeto de abertura política.

1974, 27 de março (p.64, 283): Carta de L. Cabernite a S. Lebovici: visa-se desacreditar a psicanálise.

1974, 26 de junho (p.70): A. Lobo pede suspensão temporária da sua formação.

1974, 27 de junho (p.70, 89, 230): L. Cabernite comunica à Comissão de Ensino que A. Lobo, de acordo com ele, decidiu interromper sua didática.

1974, 15 de julho (p.272): Relatório do perito grafotécnico.

1974, depois de julho (p.62, 65): A. Lobo teria deixado o Exército naquele momento.

1974 (p.142): Publicação de um artigo de H. Besserman Vianna no *International Journal of Psychoanalysis* (a propósito do qual ela será acusada de plágio).

1974 (p.142 e 144): W. R. Bion convidado no Rio de Janeiro e em São Paulo.

1975, janeiro (p.87): H. Besserman Vianna hospeda em sua casa o diretor da *Voz Operária.*

1975, 4 de março (p.70): A. Lobo demanda a anulação da sua suspensão temporária de formação.

1975 (p.74): A demanda de H. Besserman Vianna de ser nomeada membro titular da SBPRJ é recusada.

1975, 24 de junho (p.81, 82, 140): H. Besserman Vianna comparece diante do Conselho da SBPRJ.

1975, agosto (p.85, 136, 256): XXIX° Congresso da IPA. Viagem a Londres de H. Besserman Vianna, onde ela se encontra com o Conselho Executivo da IPA.

1976, 13 de dezembro (p.85): H. Besserman Vianna é admitida como titular.

1977 (p.99): Apresentação de uma lista de oposições à eleição do Conselho da SBPRJ.

1979 (p.95): No Brasil, revoga-se o AI 5.

1979, 27 de junho (p.96): Anistia. Escalada do terrorismo de direita.

1979 (p.97): A SBPRJ passa a admitir não-médicos.

1979 (p.98): H. Besserman Vianna nomeada coordenadora da Comissão Científica e da Comissão de História da SBPRJ.

1979, 20 de dezembro (p.98): O Conselho da SBPRJ declara que irá decidir sobre a divulgação das cartas por ele recebidas.

1980, 12 de maio (p.99): Manoel T. Moreira Lyra, um dos fundadores da SBPRJ, rompe o sigilo que pesava sobre as cartas.

1980, setembro (p.103, 104): Assembléias de crise na SBPRJ.

1980, 24 de setembro (p.108): Por ocasião de uma mesa-redonda sobre "Psicanálise e Fascismo", Rômulo Noronha de Albuquerque, ex-prisioneiro político, afirma ter visto A. Lobo na equipe de torturadores.

1980, 29 de setembro (p.108): Terceira assembléia de crise na SBPRJ.

1980, 2 de outubro (p.20, 111, 164): A. Lobo riscado da lista da Sociedade em razão de "um impasse sobre sua análise pessoal... ".

1980, 8 de outubro (p.112): Hélio Pellegrino e Eduardo Mascarenhas são excluídos da Sociedade.

1981, fevereiro (p.114): A. Lobo é reconhecido em seu consultório por antigos prisioneiros políticos.

1981, fevereiro (p.114): H. Besserman Vianna dá provas a S. Lebovici (antigo presidente da IPA).

1981 (p.11, 207): Encontro franco-latino-americano em Paris: *Géopsychanalyse: Les souterrains de l'Institution.*

1981, 27 de maio (p.120): Um grupo de membros da SPRJ funda o Fórum de Debates.

1981 (p.281): Memorando de S. Lebovici dirigido ao presidente da IPA.

1981, 1° de junho (p.120): A Ordem dos Advogados do Brasil remete à SBPRJ um documento oficial comportando testemunhos (quatro pessoas) da participação de A. Lobo nas torturas.

1981-1982 (p.122): A SBPRJ admite apenas uma categoria de titulares, suprime os didatas.

1983, 30 de junho (p.122): No Brasil, o Conselho Federal de Medicina adota a resolução geral das Nações Unidas: os membros de profissões médicas não devem participar de torturas.

1984 (p.263, 264): Requisição de R. Major ao Instituto. S. Lebovici pede sua exclusão.

1985 (p.96): No Brasil, abolição total da censura.

1985, 23 de outubro (p.37): X° Congresso Brasileiro de Psicanálise.

1985, 27 de outubro (p.37): Publicação de uma entrevista do Dr. Waldemar Zusman no *Jornal do Brasil.*

1986, 24 de agosto (p.126, 154, 257): A. Lobo declara ter visto, em 1971, o deputado Rubens Paiva ser torturado até a morte.

1986, 3 e 14 de setembro (p.7, 126, 283): A imprensa brasileira fala de torturas. Trata-se em especial de A. Lobo. Este declara que L. Cabernite estava a par.

1986, 21 de setembro (p.134, 283): H. Besserman Vianna escreve ao presidente da SBPRJ pedindo "reparação por danos morais". Publicação dessa carta no *Boletim*.

1986, 26 de outubro (p.131): H. Besserman Vianna responde a L. Cabernite com um artigo: "O que está em causa".

1986, outubro (p.147): Crise nas duas Sociedades de Psicanálise. A SPRJ escuta pessoalmente o testemunho das pessoas torturadas por A. Lobo.

1986, 4 de novembro (p.296): Carta de S. Lebovici a H. Besserman Vianna.

1986, 7 de dezembro (p.148): Nota oficial da SPRJ à imprensa, denunciando a tortura.

1986 (p.209): R. Major publica *De l'élection*.

1987, 31 de janeiro (p.152): Nota oficial da SBPRJ à imprensa, denunciando a tortura.

1988, 9 de março (p.155): O Conselho Regional de Medicina proíbe o exercício da medicina a A. Lobo.

1989 (p.89, 156): Publicação de *A Hora do Lobo, a Hora do Cordeiro*, autobiografia de A. Lobo.

1989, 30 de setembro (p.156): Artigo de H. Besserman Vianna, "A Hora da Democracia".

1989, 7 de outubro (p.156): Publicação de "A resposta do Lobo".

1989 (p.262, 263): R. Major apresenta ao Congresso no Rio sua "análise transgenealógica".

1992, 15 de julho (p.157): O Conselho Regional de Medicina proíbe o exercício da medicina a L. Cabernite e Ernesto La Porta.

1992, 17 de julho (p.162): Declaração do presidente do Conselho Regional de Medicina.

1992, 20 de julho (p.159): Declaração de E. La Porta: "Pouco me importa o exercício da medicina, sou psicanalista".

1992, 12 de agosto (p.160): Carta de L. Cabernite ao *Jornal do Brasil* (mesmo argumento).

1992, 25 de outubro (p.162): Nota oficial da SPRJ, rejeitando a decisão do CRM e a declaração de seu presidente.

1993, 28 de julho (p.20, 30, 215): Carta pela qual o presidente da IPA demanda a imediata exclusão de L. Cabernite da Sociedade do Rio (SPRJ).

1993, 19 de julho (p.215): Carta de demissão de L. Cabernite ao presidente da SPRJ.

1993, 8 de agosto (p.217-218): Cartas cruzadas. L. Cabernite volta atrás em seu pedido de demissão.

1993, 20 de setembro (p.219): Defesa escrita de L. Cabernite.

1993, 28 de novembro (p.258): L. Cabernite testemunha diante do Comitê de Ética.

1993, dezembro (p. 220): Situação crítica na SPRJ.

1994, janeiro (p.256): Demissão de seu presidente C. Campos.

1994, 7 de janeiro (p.222, 259, 291): Carta aberta de S. Lebovici e D. Widlöcher ao presidente da IPA.

1994, 17 de janeiro (p.227, 259): Carta de L. Cabernite ao presidente da IPA.

1994 (p.61): Eleição da Comissão de Ética da SPRJ.

1994: Publicação do livro de H. Besserman Vianna no Brasil.

1994, 10 de agosto (p.230): Por um voto, L. Cabernite escapa de perder a autorização para exercer a medicina, mas é condenado a um mês de suspensão.

1995, 13 de dezembro (p.244): O relatório do Comitê de Ética é rejeitado pela SPRJ.

1996 (p.245, 249): Criação do grupo *Pro Etica*.

1996, janeiro (p.233): Memorando de S. Lebovici atacando o livro de H. Besserman Vianna.

1996, 10 de janeiro (p.244): Demissão de seis membros da SPRJ em protesto contra a rejeição do relatório do Comitê de Ética.

1996, 22 de fevereiro (p.239): Viagem de H. Besserman Vianna a Buenos Aires para ver o presidente da IPA a propósito do memorando de Lebovici (o qual o retirou).

1996 (p.17, 243): Conclusões dos dois anos de investigações do Comitê de Ética.

1996, julho (p.21, 245): Declaração do *Pro Etica* ao Conselho da IPA.

1996, 11 de agosto (p.22, 24, 247): O Conselho Executivo da IPA, reunido em Londres, põe na ordem do dia a questão levantada pelo *Pro Etica*.

1996, 23 de agosto (p.251): Carta de H. Besserman Vianna ao presidente da IPA.

1996, 24 de agosto (p.251): Carta do presidente da IPA a H. Besserman Vianna.

1996, 6 de dezembro (p.262): Carta aberta de R. Major ao presidente da IPA. R. Major se demite.

1996, 29 de dezembro (p.275): Carta de D. Widlöcher a R. Major.

1997, janeiro: Publicação do livro de H. Besserman Vianna em francês.

1997, 31 de janeiro: Artigo de É. Roudinesco em *Le Monde*.

1997, 9 de fevereiro: Reunião pública, em Paris, a propósito do livro de H. Besserman Vianna.

Textos

J. Lacan, "Motifs du crime paranoïaque, Le crime des soeurs Papin", *Le Minotaure*, 1933-1934. Retomado em *De la psychose paranoïaque dans ses rapports avec la personnalité*, Paris, Seuil, 1975.

H. Baruk, *Psychiatrie morale expérimentale individuelle et sociale*, Paris, PUF, 1945.

J. Lacan, "La psychiatrie anglaise et la guerre", *L'évolution psychiatrique*, Toulouse, Privat, 1947.

J. Lacan, *L'éthique de la psychanalyse*, seminário 1959-1960.

J. Lacan, "Kant avec Sade", *Critique*, nº 191, 1963. Retomado em *Écrits*, Paris, Seuil, 1966.

Freud/Pfister, *Correspondance de Sigmund Freud avec le pasteur Pfister*, 1909-1939, Paris, Gallimard, 1966.

J. Lacan, "Proposition du 9 octobre 1967 sur le psychanalyste de l'école", *Scilicet* nº 1, Paris, Seuil, 1968.

M. Foucault, "Qu'est-ce qu'un auteur?", *Bulletin de la Societé française de philosophie*, julho-setembro de 1969, retomado em *Littoral* nº 9, *La discursivité*, Toulouse, Érès, 1983, e em *Dits et écrits 1954-1988*, T. 1, 1954-1969, Paris, Gallimard, 1994.

A. Green, "Répétition, Différence, Réplication", *Revue française de Psychanalyse* nº 3, Paris, PUF, 1970.

Anônimo, "Identificação de alguns torturadores no Estado da Guanabara", *Voz Operária*, nº 102, agosto de 1973.

M. Langer e A. Bauleo, "Algo más sobre tortura", *Cuestionamos* nº 2, *Psichoanalisis institutional y psychoanalisis sin institucion*, Buenos Aires, Granica editor, novembro de 1973.

W. Kemper, "Selbstdarstellung", in L. S. Pongratz, *Psychotherapie in Selbstdarstellungen*, Berna, Stuttgart, Viena, Haber, 1973.

W. R. Bion, *Brazilian Lectures*, Rio/São Paulo, 1974, Rio de Janeiro, Imago, 1975.

J. Lacan, *Le sinthome*, seminário inédito, 1975-1976.

N. G. Hale (editor e apresentador), *L'introduction de la psychanalyse aux États-Unis, Autour de James Jackson Putnam*, tradução para o francês de Catherine Cullen, Paris, Gallimard, 1978.

Coletivo, *Géopsychanalyse, Les souterrains de l'Institution*, Paris, ed. Confrontations, 1981.

J. Allouch, *Lettre pour lettre*, Toulouse, Érès, 1984.

M. Viltard, "Les publics de Freud", *Littoral* nº 17, *Action du public dans la psychanalyse*, Toulouse, Érès, setembro de 1985 (esgotada).

W. Zusman, "A psicanálise foi tão autoritária quanto o regime", *Jornal do Brasil*, 23 de outubro de 1985.

Imprensa brasileira, "Psicanálise da tortura", *Jornal do Brasil* de 14 de setembro de 1986; *O Globo* de 15 de outubro de 1986.

L. Cabernite, "Cabernite se defende", *Jornal do Brasil* de 16 de outubro de 1986.

H. Besserman Vianna, carta ao presidente da SBPRJ, 24 de outubro de 1986. Publicação no *Bulletin de nouvelles*.

H. Besserman Vianna, "O que está em causa", *Jornal do Brasil* de 26 de outubro de 1986.

É. Roudinesco, *La bataille de cent ans, Histoire de la psychanalyse en France*, T.2, Paris, Seuil, 1986.

SPRJ, Nota oficial à imprensa denunciando a tortura, Rio de Janeiro, 1986.

R. Major, *De l'élection*, Paris, Aubier, 1986.

SBPRJ, Nota oficial à imprensa denunciando a tortura, Rio de Janeiro, 31 de janeiro de 1987.

Coletivo, *Apertura, L'inconscient a-t-il un fondement éthique?*, Paris, Springer Verlag, 1989.

A. Lobo, *A Hora do Lobo, a Hora do Carneiro*, Ed. Vozes, 1989.

G. Cabrera Infante, "Dias callados en cliché", *Vuelta 56*, setembro de 1989.

H. Besserman Vianna, "A Hora da Democracia", in Caderno *Idéias/Livros* do *Jornal do Brasil*, 30 de setembro de 1989.

A. Lobo, "A resposta do Lobo", *Jornal do Brasil*, 7 de outubro de 1989.

Coletivo, *Lacan avec les philosophes*, Paris, Albin Michel, 1991.

L. de Mello, "Declaração do presidente do Conselho Regional de Medicina", *Jornal do Brasil* de 17 de julho de 1992.

E. La Porta, entrevista ao *Jornal do Brasil* de 20 de julho de 1992.

L. Cabernite, carta ao *Jornal do Brasil*, 12 de agosto de 1992.

J. Allouch, "Un Jacques Lacan sans guère d'objet ni d'expérience", *Revue du Littoral, nº 38, Fous à lire*, Paris, E.P.E.L., novembro de 1993.

P. Quignard, *Le sexe et l'effroi*, Paris, Gallimard, Folio, 1994.

J. Derrida, *Mal d'archive*, Paris, Galilée, 1995.

J. Allouch, "Nécrologie d'une science juive", *L'Unebévue* nº 6, Paris, E.P.E.L., primavera de 1995.

G. Benedetti, *La mort dans l'âme, Psychothérapie de la schizophrénie: existence et transfert*, prefácio de J.-M. Gaudillière, tradução para o francês de P. Fougeras em colaboração com D. Fougeras, Toulouse, Érès, 1995.

J. Lacan, "Conférence à Genève sur le symptôme", *Le Bloc-notes de la psychanalyse* nº 5, 1995.

J. Allouch, *Marguerite, ou l'Aimée de Lacan*, posfácio de Didier Anzieu, 2ª edição revista e aumentada, Paris, E.P.E.L., 1995.

M. Pasternac, "Freud et Lacan", *de Althusser, un cuarto de siglo después, Artefacto* nº 5, México, EPEELE, maio de 1995.

E. Behr, *Une Amérique qui fait peur*, Paris, Plon/Pocket, 1995.

R. Horacio Etchegoyen e Jacques-Alain Miller, *Silence brisé*, Paris, Agalma, 1996.

H. Besserman Vianna, *Politique de la psychanalyse face à la dictature et à la torture, N'en parlez à personne*. Prefácio e carta aberta de René Major, Paris, L'Harmattan, 1997.

É. Roudinesco, "Les refoulements de la psychanalyse brésilienne", *Le Monde,* 31 de janeiro de 1997.

J.-J. Pauvert, "Pauvert en français dans le sexe", *Libération* de 24 de abril de 1997.

J.-C. Milner, *Le triple du plaisir,* Verdier, 1997.

L'UNEBÉVUE já publicou:

Nº 1. Freud ou la raison depuis Lacan. Automne 1992

Il y a de l'unebévue, *Mayette Viltard.* Qui est freudien ? *Ernst Federn.* Note sur « raison et cause » en psychanalyse, *Jean Allouch.* Aux bords effacés du texte freudien, *George-Henri Melenotte.* Hiatus. Le meurtre de la métaphore, *Guy Le Gaufey.* L'expérience paranoïaque du transfert, *Mayette Viltard.* La pomme acide du transfert de pensée, *Christine Toutin-Thélier.* Discussion : *Ernst Federn.* Présentation du texte de 1915, de Freud : *L'inconscient.* 121 p.

L'inconscient. 1915

Das Unbewußte

S. Freud
Supplément réservé aux abonnés
Texte bilingue, établi à partir de l'édition originale
Traduction : Éric Legroux, Christine Toutin-Thélier, Mayette Viltard. 84 p.

Nº 2. L'élangue. Printemps 1993

Ce à quoi l'unebévue obvie, *Jean Allouch.* L'émergence dans la conscience, *Christine Toutin-Thélier.* Lue et vue, *George-Henri Melenotte.* Lignes de fractures, *Jacques Hassoun.* Bé-voir ? *Guy Le Gaufey.* Scilicet, *Mayette Viltard.* Passage à fleur de lettre, *Thierry Beaujin.* Le naïf : un savoir sans sujet ? *Xavier Leconte.* La *Bedeutung* du Phallus comme pléonasme, *Catherine Webern.* Présentation du texte de Freud de 1911 : Remarques psychanalytiques sur un cas de paranoïa *(Dementia paranoides)* décrit autobiographiquement. Schreber et le débat analytique. Sommaire des revues. Rapport d'O. Rank sur l'intervention de Freud à Weimar. Signification de la suite des voyelles. S. Freud. Le débat Freud-Jung sur le symbole. Jung parle de Schreber. 177 p.

Remarques psychanalytiques sur un cas de paranoïa (Dementia paranoides) *décrit autobiographiquement. 1911*

Psychoanalytische Bemerkungen über einen autobiographisch beschriebenen Fall von Paranoia (Dementia paranoides)

S. Freud
Supplément réservé aux abonnés
Texte bilingue, établi à partir de l'édition originale
Traduction : Éric Legroux, Christine Toutin-Thélier, Mayette Viltard. 152 p.

Grammaire et inconscient

J. Damourette et E. Pichon
Supplément diffusé en librairie
Sur la personnaison, le discordantiel et le forclusif dans la négation, l'impossible traduction du *Ich* allemand par le *Je* français, etc. 67 p.

Nº 3. L'artifice psychanalytique. Été 1993

De la « sensibilité artistique du professeur Freud », *François Dachet.* Artaud le Mômo sur la scène, *Françoise Le Chevallier.* Publier l'hystérie, *Michèle Duffau.* Nécrologie de Breuer, *Sigmund Freud.* Autobiographie, *Josef Breuer. Oh les beaux jours* du freudo-lacanisme, *Jean Allouch.* La bouteille de Klein, la passe et les publics de la psychanalyse, *Anne-Marie Ringenbach.* Présentation du texte de Freud de 1905 : Personnages psychopathiques sur la scène. *Psychopathische Personen auf der Bühne.* A partir de la phobie d'un enfant : chronologie. Bibliographie des ouvrages de Max Graf. A la librairie Heller. 148 p.

Personnages psychopathiques sur la scène. S. Freud. 1905-1906
Psychopathische Personen auf der Bühne
Réminiscences du Professeur Sigmund Freud. Max Graf. 1942
Supplément réservé aux abonnés
Texte bilingue, établi à partir de l'édition originale
Traduction : Éric Legroux, Christine Toutin-Thélier, Mayette Viltard. 36 p.

Mémoires d'un homme invisible. Herbert Graf
Présentation et traduction de François Dachet
Supplément diffusé en librairie
Interview de celui qui, par deux fois, s'est adressé aux psychanalystes, en se présentant comme étant « le petit Hans ». 61 p.

La bouteille de Klein. Cahier de dessins.
Anne-Marie Ringenbach, Éric Legroux et François Samson
Supplément réservé aux abonnés. 54 p.

N° 4. Une discipline du nom. Automne-hiver 1993

Symbole, symbole et symbole, *Guy Le Gaufey*. MWT, Mutter, *Christine Toutin-Thélier*. Un vrai symbolisme ?, *George-Henri Melenotte*. La prééminence du semblant, *Catherine Webern*. L'implantation du signifiant dans le corps, *Albert Fontaine*. Du bon usage du diable..., *Cécile Imbert*. Antiphysie, *l'Althusser* de Clément Rosset, *Françoise Jandrot-Louka*. Présentation du texte de Freud de 1928 : *Dostoïevski et la mise à mort du père*. Présentation du texte de C. G. Jung de 1909 : *De l'importance du père dans le destin de l'individu*. Un texte qui aurait été écrit... par un autre. *Lettres de Freud à Theodor Reik, à Stefan Zweig*. Dostoïevski, l'*Ethiker*. Dostoïevski, le pécheur. Dostoïevski, le converti. *Une expérience religieuse. S. Freud.* 185 p.

Dostoïevski et la mise à mort du père. S. Freud. 1928
Dostojewski und die Vatertötung
Supplément réservé aux abonnés
Texte bilingue, établi à partir de l'édition originale
Traduction : Éric Legroux, Christine Toutin-Thélier, Mayette Viltard. 52 p.

De l'importance du père dans le destin de l'individu. C. G. Jung. 1909
Die Bedeutung des Vaters für das Schicksal des Einzelnen
Supplément réservé aux abonnés
Texte bilingue, établi à partir de l'édition originale
Traduction : Margarete Kanitzer. 31 p.

Écrits inspirés et langue fondamentale
Dossier préparé par Béatrice Hérouard
Présentation par Béatrice Hérouard, Françoise Jandrot-Louka, Mayette Viltard
Supplément diffusé en librairie

Textes de 1852 à 1930 sur les désordres du langage chez les aliénés. 161 p.

N° 5. Parler aux murs. Printemps/été 1994

Parler aux murs. Remarques sur la matérialité du signe, *Mayette Viltard*. La philosophie du signe chez les stoïciens, *Gérard Verbeke*. Membranes, drapés, et bouteille de Klein, *Anne-Marie Ringenbach*. Plier, déplier, replier, *Jean-Paul Abribat*. Areu, *Jean Allouch*. La civilisation des Cours comme art de la conversation, *Carlo Ossola*. Le fondement ? C'est la raison ! Essai sur le logos lacanien, *Jean-Claude Dumoncel*. Lacan, tel que vous ne l'avez encore jamais lu, *Jean Allouch*. Présentation du texte de Freud de 1914 : *Pour introduire le Narcissisme*. Une contribution au narcissisme, Otto Rank (1911). *Coraggio Casimiro !* 187 p.

Pour introduire le narcissisme. S. *Freud*. *1914*
Zur Einführung des Narzißmus.

Supplément réservé aux abonnés
Texte bilingue, établi à partir de l'édition originale
Traduction : Éric Legroux, Christine Toutin-Thélier, Mayette Viltard. 68 p.

Gottlob Frege - Bertrand Russell. Correspondance.
Juin 1902-décembre 1904, mars-juin 1912

Supplément diffusé en librairie
Traduction, introduction et notes de Catherine Webern. 176 p.

N° 6. Totem et tabou, un produit névrotique. Printemps 1995

Freud, Jung, et le cadavre des marais. *Philippe Koeppel. George-Henri Melenotte*. Le complexe d'Œdipe, une affaire de vraisemblance. *Miguel Sosa*. « Devenir de la couleur des morts ». Propos sur le corps du symbolique. *Mayette Viltard*. Luca Signorelli. *Platen. Totem et tabou* en butée logique. *Catherine Webern*. Le temps des bréviaires. *Guy Le Gaufey*. « Les textes muets peuvent parler, d'*Ilse Grubrich Simitis* ». *Mark Solms*. Avant-propos à l'édition hébraïque de *Totem et tabou*. *Sigmund Freud*. Nécrologie d'une « science juive ». Pour saluer *Mal d'Archive* de Jacques Derrida. *Jean Allouch*. Présentation des deux essais de Freud de 1912. Sur quelques concordances entre la vie psychique des sauvages et celle des névrosés. *Über einige Übereinstimmungen im Seelenleben der Wilden und der Neurotiker*. Communication de J. Honegger à Nuremberg. Chronologie de la rédaction et de la publication des quatre essais de *Totem et tabou*. Point de vue sur *Totem et tabou*. *Fritz Wittels*. 184 p.

Sur quelques concordances entre la vie psychique des sauvages et celle des névrosés. S. Freud. 1912. *Über einige Übereinstimmungen im Seelenleben der Wilden und der Neurotiker*

Supplément réservé aux abonnés
Texte bilingue, établi à partir de l'édition originale
Traduction : Éric Legroux, Christine Toutin-Thélier, Mayette Viltard. 172 p.

N° 7. Le défaut d'unitude
Analycité de la psychanalyse. Été 1996

π erre deux. *G. Th. Guilbaud*. Géométrie du processus analytique. Freud, Wittgenstein, Lacan. *Jean-Claude Dumoncel*. Wunsch ! Le symptôme comme nœud de signes. *Mayette Viltard*. Les débuts « scientifiques » de Freud selon Siegfried Bernfeld. Trois analyses. *Jean Allouch*. Remarques sur la tresse borroméenne de quatre nœuds de trèfle présentée par Lacan dans le séminaire *Le sinthome*. *Odile Millot-Arrrighi k* tresses de *t* trèfles. *Éric Legroux*. Écrire sous la contrainte. Ajar, Pérec, Wolfson. *Dominique de Liège*. Du corps comme lieu du signe. *Christiane Dorner*. Institutionnalisation de l'exception et du manque symbolique. *Charles-Henry Pradelles de la Tour*. Attention ! Déviation. *George-Henri Melenotte*. Présentation du texte de Freud de 1925. La dénégation. *Die Verneinung*. Titre original du manuscrit *Die Verneinung und Verleugnung*. 252 p.

La dénégation. S. *Freud*.
Die verneinung

Supplément réservé aux abonnés
Texte bilingue, établi à partir de l'édition originale
Traduction : Éric Legroux, Christine Toutin-Thélier, Mayette Viltard. 48 p.

As edições E.P.E.L. publicaram principalmente

Louis II de Bavière selon Ernst Wagner paranoïaque dramaturge
Anne-Marie VINDRAS
Paris, E.P.E.L., 1993, 184 p., 120 F

Dementia Præcox
ou Groupe des schizophrénies
Eugen BLEULER
Traduction par A. VIALLARD
suivi de
La conception d'Eugen Bleuler
Henri EY
Paris, co-édition E.P.E.L./G.R.E.C., 1993
672 p., 290 F

La folie héréditaire
ou comment la psychiatrie française s'est constituée en un corps de savoir et de pouvoir dans la seconde moitié du XIXe siècle
Ian DOWBIGGIN
Préface de Georges LANTERI-LAURA
Traduit de l'américain par Guy LE GAUFEY
Paris, E.P.E.L., 1993, 240 p., 140 F

Les écrits de Budapest
Sándor FERENCZI
Préface de Wladimir GRANOFF
Traduction de Györgyi KURCZ
et Claude LORIN
Paris, E.P.E.L., 1994, 312 p., 150 F

Thesaurus Lacan, tome I,
Citations d'auteurs et de publications dans l'ensemble de l'œuvre écrite
Denis LÉCURU
Paris, E.P.E.L., 1994, 264 p., 160 F

Thesaurus Lacan, tome II,
Nouvelle bibliographie des travaux de Jacques Lacan
Joël DOR
Paris, E.P.E.L., 1994, 284 p., 160 F

Vie, poésie et folie de Friedrich Hölderlin
Wilhelm WAIBLINGER
Préface de Pierre MOREL. Présentation et traduction de Catherine DARIC
suivi de
Un psychiatre amateur en 1830 : Wilhelm Waiblinger
[Pierre] MOREAU
Paris, E.P.E.L., 1994, 90 p., 95 F

L'éviction de l'origine
Guy LE GAUFEY
Paris, E.P.E.L., 1994, 230 p., 160 F

Ni pleurs ni couronnes
précédé de
Pornographie de la mort
Geoffrey GORER
Traduction de Hélène ALLOUCH
Paris, E.P.E.L., 1995, 208 p., 140 F

Érotique du deuil au temps de la mort sèche
Jean ALLOUCH
Paris, E.P.E.L., 1997 (2e édition)
384 p. (+ 10 p.), 195 F

Série Monographie clinique

Politiquement fou : James Tilly Matthews
John Haslam, Roy Porter, David Williams
Traduction de Hélène Allouch
Paris, E.P.E.L., 1995, 164 p., 130 F

Ernst Wagner, Robert Gaupp : un monstre et son psychiatre
Anne-Maris Vindras
Paris, E.P.E.L., 1995, 424 p., 195 F.

Les ouvrages des éditions E.P.E.L.
et de la collection « Littoral »
sont distribués par :
Distique
5, rue du Maréchal-Leclerc, 28600 Luisant
téléphone 02 37 30 57 00
télécopie 02 37 30 57 12
Comptoir à Paris
18, rue de Condé, 75006 Paris
téléphone 01 43 26 92 00